Sur l'auteur

Né en 1920, Charles Bukowski est devenu l'un des plus célèbres écrivains américains. Auteur de romans, de nouvelles et de poèmes, il a publié plus de cinquante-cinq livres, dont *Le Postier* (1971), *Factotum* (1975) et *Women* (1979). Charles Bukowski est décédé en Californie en 1994, à l'âge de 73 ans, juste après avoir achevé *Pulp*, son dernier roman.

Du même auteur
aux Éditions 10/18

PULP, n° 5597
FACTOTUM, n° 5598
LE POSTIER, n° 5622

CHARLES BUKOWSKI

LE POSTIER

Traduit de l'anglais (États-Unis)
par Philippe Garnier

10
18

L'édition originale de cet ouvrage
a été publiée en 1971, par Black Sparrow Press,
à Santa Barbara, Californie, USA,
sous le titre : Post Office

ISBN 978-2-264-07628-1
Dépôt légal : octobre 2020

PRÉFACE
À LA PREMIÈRE ÉDITION

Charles Bukowski est né en 1920 à Andernach (Allemagne). Ses parents émigrent aux États-Unis. Après une enfance difficile, il mène une vie médiocre, exerce des métiers divers. Il forge ainsi son image de « perdant » qui se console avec des bières et des amours peu reluisantes. Pour échapper à l'univers glauque des laissés-pour-compte du rêve américain, il commence à écrire des poèmes, publiés dans des revues obscures. Il s'invente aussi un double, le « vieux dégueulasse », qui donne des chroniques aux journaux underground.

Son premier livre, Mémoires d'un vieux dégueulasse *(1969), est publié par Lawrence Ferlinghetti, poète et éditeur des beatniks à San Francisco. On va donc, malgré lui, ranger Bukowski, dit aussi « Buko » ou « Buk », parmi les disciples de Ginsberg et de Kerouac. Irréductible, il refuse tout embrigadement. En 1971 paraît son premier roman,* Le Postier, *inspiré par ses années noires. Il est suivi du recueil de nouvelles qui le rendra célèbre,* Contes de la folie ordinaire *(1976), et d'un livre de poèmes,* L'amour est un chien de l'enfer *(1977). Toujours dans la veine autobiographique, il donne un gros roman, plutôt érotique,* Women *(1978) ; et un récit de ses premières années,* Souvenirs d'un pas grand-chose *(1985). Il continue à écrire des nouvelles et des poèmes.*

La découverte de Bukowski en France date de son apparition inoubliable dans l'émission « Apostrophes », le 22 septembre 1978. Invité avec d'autres « marginaux », comme Cavanna et le docteur Ferdière, Bukowski but un litre de vin blanc en direct, effaroucha la romancière Catherine Paysan et insulta tout le monde. Bernard Pivot, stupéfait, le fit sortir du plateau. On n'avait jamais vu ça dans une émission aussi respectable. L'événement fit la une des journaux. On en parla jusqu'à New York. Le cinéaste italien Marco Ferreri s'empressa de tourner une adaptation des Contes de la folie ordinaire, *avec Ben Gazzara dans le rôle de Buk.*

Le scandale n'empêcha pas plusieurs écrivains (Philippe Sollers, Alphonse Boudard) de reconnaître le génie d'un homme moins grossier qu'il n'y paraissait. Ses poèmes, notamment, sous leur fausse simplicité, cachent un art de l'image et du raccourci comparable à celui des poètes japonais, et sa tentative autobiographique a contribué à « décoincer » pas mal de jeunes auteurs, en les libérant de la terreur imposée par la « théorie ».

Avec Le Postier, *on assiste à la naissance d'une mythologie de la vie quotidienne : Bukowski y raconte une sale période de son existence, celle où, employé des postes, « facteur suppléant », il a cru toucher le fond. Médiocrité, routine, mesquineries, c'est du Courteline version américaine. Par petites séquences, nous avons une peinture crue d'une administration, avec ses petits chefs, supérieurs et collègues, des maniaques et des abrutis. En face, beaucoup de portraits féroces des « clients » que le facteur doit subir. Presque tous des fous ou des emmerdeurs, ils incarnent une forme cauchemardesque de la banalité poussée à l'extrême.*

Heureusement, entre deux tournées, il y a la bière et Betty, l'alcool et les femmes, qui consolent Bukowski. Parenthèses fiévreuses, ces voluptés lui font oublier la monotonie du tri et, comme des dérives, l'emportent ailleurs. Le Postier *est un extraordinaire voyage chez les prolos de l'Amérique, bossant à la chaîne, fixés à leurs sièges, pris dans une horreur grise et sans goût. Pour en sortir, à part l'orgasme et l'ivresse, le narrateur trouve finalement une solution : écrire un roman. C'est ce roman que nous lisons. Fruste et brutal, il fait entendre une voix nouvelle dans les lettres et, au-delà du réalisme, annonce la poésie sombre des fleurs jaillies de la misère humaine qui rendront si poignantes et si fraternelles les œuvres à venir. On a comparé Bukowski à Céline. Comme l'auteur du* Voyage au bout de la nuit, *il a mis en musique quelques bagatelles et pas mal de souffrance.*

Ceci est présenté
comme une œuvre de fiction
et n'est dédié à personne

Bureau du Receveur Principal Circulaire

1er janvier 1970

Services postaux des États-Unis
Los Angeles, Californie 742

CODE DE MORALITÉ

Nous attirons l'attention de tous les employés sur le Code de moralité à l'usage des employés des services postaux établi dans le paragraphe 742 du Manuel postal, et sur la Conduite des Employés définie dans le paragraphe 744 du Manuel postal.

Les employés des postes ont, par le passé, établi une belle tradition de loyaux services rendus à la Nation, égalée par aucun autre groupe. Tout employé devrait se sentir très fier de cette tradition de dévoués services. Chacun d'entre nous doit s'efforcer de contribuer à cet effort continu des services postaux envers de futurs progrès dans l'intérêt public.

Tout le personnel postal doit agir avec une complète intégrité et être totalement dévoué à l'intérêt public. Le personnel postal est tenu de maintenir les principes moraux les plus élevés et de faire observer les lois des États-Unis ainsi que les règles et consignes des services postaux. Non seulement une conduite morale est-elle requise, mais les responsables et employés doivent également veiller à éviter toute action qui semblerait devoir empêcher le bon déroulement des opérations postales. Les tâches données doivent être exécutées consciencieusement et efficacement. Les services postaux ont l'unique privilège d'être quotidiennement en contact avec la majorité des citoyens de la Nation, et représentent, dans la plupart des cas, leur contact le plus direct avec le Gouvernement fédéral. Chaque employé a donc l'occasion et la responsabilité toute particulière d'agir avec un honneur et une intégrité justifiant la confiance publique ; rejetant ainsi l'honneur et la distinction sur les services postaux et sur le Gouvernement fédéral dans son ensemble.

Tous les employés sont tenus de lire le paragraphe 742 du Manuel postal, les Principales Règles de Conduite morale, la Conduite personnelle des Employés, ainsi que les Restrictions sur les activités politiques, etc.

Cadre Responsable

PREMIÈRE PARTIE

1

Ça a commencé par erreur.

C'étaient les fêtes de Noël et j'avais appris par le pochard en haut de la côte, qui faisait le coup à chaque Noël, qu'ils embaucheraient carrément n'importe qui, alors j'y suis allé et sans avoir le temps de réaliser je me suis retrouvé avec une sacoche en cuir sur le dos à cavaler comme bon me semblait. Parlez d'un boulot, que je pensais. Peinard ! Ils vous donnaient juste un ou deux pâtés de maisons à faire et si vous arriviez à finir, le facteur titulaire vous en donnait encore un autre à distribuer, ou alors vous pouviez rentrer et le chef vous en donnait un autre, mais surtout vous preniez bien tout votre temps pour fourrer ces cartes de Noël dans les fentes.

Je crois que j'en étais à mon second jour comme intérimaire de Noël quand cette grosse bonne femme est sortie et s'est mise à marcher avec moi pendant que je distribuais les lettres. Ce que je veux dire par grosse c'est qu'elle avait un gros cul, des gros nichons et qu'elle était grosse à tous les endroits qu'il fallait. Elle avait l'air un brin toquée mais je continuais de regarder son corps et je m'en foutais.

Elle causait et causait et causait. Ensuite elle l'a quand même sorti. Son mari était officier sur une île lointaine et elle se faisait seule, vous savez ce que c'est, et elle habitait toute seule dans cette petite maison là-derrière.

« Quelle petite maison ? » j'ai demandé.

Elle m'a écrit l'adresse sur un bout de papier.

« Moi aussi je me sens seul, j'ai fait, je passerai ce soir et on causera. »

Je vivais à la colle avec une nana mais la nana était barrée la moitié du temps, barrée je ne sais où, et c'étaient pas des blagues, je me sentais seul. Je me sentais seul pour ce gros cul là devant moi.

« D'accord, elle a dit, à ce soir. »

C'était un bon numéro, y a pas, elle baisait bien mais comme avec toutes les baises après le troisième ou quatrième soir j'ai commencé à me désintéresser et j'y suis pas retourné.

Mais je pouvais pas m'empêcher de penser, bon dieu, tout ce que ces facteurs font c'est amener leurs lettres et tirer leur coup. C'est le boulot qu'il me faut, oh oui oui oui.

2

Alors j'ai passé l'exam, je l'ai eu, passé la visite, l'ai eue aussi, et voilà – j'étais facteur suppléant. Ça a commencé peinard. On m'a envoyé au Bureau de West Avon et c'était comme à Noël sauf que j'ai pas baisé. Tous les jours je m'attendais à tirer ma crampe mais que dalle. M'enfin le chef était coulant et je me baladais en faisant un pâté de maisons ici et là. J'avais même pas d'uniforme, juste une casquette. Je portais mes fringues ordinaires. De la façon qu'on buvait, ma nana Betty et moi, il restait pas grand fric pour les fringues.

Ensuite on m'a muté au Bureau d'Oakford.

Le chef était un pète-sec nommé Jonstone. On avait besoin d'aide là-bas et j'ai compris pourquoi. Jonstone aimait porter des chemises rouge foncé – et ça voulait dire danger et sang. On était sept sups – Tom Moto, Nick Pelligrini, Herman Stratford, Rosey Anderson, Bobby Hansen, Harold Wiley et moi, Henry Chinaski. On commençait à 5 heures du matin et j'étais le seul ivrogne du lot. Je buvais toujours jusque bien après minuit, et à 5 heures du matin fallait être assis là, à attendre du boulot, attendre qu'un titulaire se fasse porter malade. Les titulaires se faisaient porter pâles généralement quand il pleuvait ou pendant une vague de chaleur ou le lendemain d'un jour férié quand le volume de courrier était le double de d'habitude.

Il y avait quarante ou cinquante tournées différentes, peut-être plus, chaque casier de tri était différent, y avait jamais moyen d'en apprendre aucun, fallait classer le courrier avant 8 heures du matin et être prêts pour les camions, et Jonstone n'acceptait aucune excuse. Les sups classaient leurs magazines au coin des rues, sautaient leurs déjeuners et mouraient dans la rue. Jonstone nous faisait commencer à classer nos tournées avec trente minutes de retard – il pivotait dans son fauteuil avec sa chemise rouge – « Chinaski tu prends la tournée 539 ! » On commençait une demi-heure en retard mais on était quand même censés préparer et distribuer le courrier et rentrer à l'heure.

Et une ou deux fois par semaine, déjà bien vannés, lessivés, entubés, fallait encore faire les levées de nuit, et l'horaire sur la feuille de route était impossible à tenir – le camion n'allait pas aussi vite. Fallait sauter quatre ou cinq boîtes sur le premier parcours et la fois d'après elles étaient bourrées de courrier, et on puait, on pissait la sueur en bourrant les sacs. Pour baiser, ça j'étais baisé. Jonstone y veillait.

3

Les sups eux-mêmes rendaient Jonstone possible en exécutant ses ordres impossibles. Je n'arrivais pas à comprendre comment on pouvait laisser un homme d'une si évidente cruauté occuper le poste qu'il avait. Les titulaires s'en foutaient, le délégué syndical valait pas un clou, alors pendant un de mes jours de repos j'ai rédigé un rapport de trente pages, j'en ai envoyé un à Jonstone et je suis allé porter l'autre au Federal Building. L'employé m'a dit d'attendre. J'ai attendu et attendu et attendu. J'ai attendu une heure et demie, et puis on m'a emmené voir un petit homme grisonnant aux yeux comme des cendres de cigarette. Il ne m'a même pas dit de m'asseoir. J'étais à peine entré qu'il me criait :

« Vous êtes un petit malin de fils de pute, pas vrai ?

— J'aimerais autant que vous ne m'insultiez pas, monsieur !

— Petit malin de fils de pute, un de ces fils de pute avec du vocabulaire et ça vous plaît de l'étaler partout ! »

En agitant mon rapport dans ma direction, il s'est mis à hurler :

« M. JONSTONE EST UN HOMME REMARQUABLE !

— Dites pas de bêtises. C'est un sadique, c'est évident, j'ai dit.

— Depuis combien de temps êtes-vous dans les services postaux ?

— Trois semaines.

— M. JONSTONE EST DANS LES SERVICES POSTAUX DEPUIS TRENTE ANS !

— Qu'est-ce que ça a à voir ?

— J'ai dit, M. JONSTONE EST UN HOMME REMARQUABLE ! »

Je crois bien que le pauvre type voulait me tuer. Lui et Jonstone devaient avoir couché ensemble.

« D'accord, j'ai dit, Jonstone est un homme remarquable. Laissez tomber toute cette putain d'histoire. » Ensuite je suis sorti et le lendemain j'ai pris ma journée. Sans salaire, naturellement.

4

Quand Jonstone m'a vu à 5 heures le matin suivant il a pivoté dans son fauteuil tournant et sa figure avait la même couleur que sa chemise. Mais il a rien dit. Je m'en foutais. J'étais resté debout jusqu'à 2 heures à boire et à baiser avec Betty. Je me suis adossé et j'ai fermé les yeux.

À 7 heures Jonstone s'est retourné à nouveau. Il avait donné du boulot à tous les autres sups ou les avait envoyés aux autres bureaux qui avaient besoin d'aide.

« Ça sera tout, Chinaski. Rien pour toi aujourd'hui. »

Il observait la gueule que j'allais faire. Merde, je m'en foutais pas mal. Tout ce que je voulais c'était aller au lit et dormir un peu.

« O.K., Stone », j'ai dit. Les facteurs entre eux l'appelaient « The Stone[1] », mais j'étais le seul à m'adresser à lui comme ça.

Je suis sorti, la vieille bagnole a démarré et bientôt j'étais de retour au lit avec Betty.

« Oh, Hank ! C'est rien chouette !

— Tu peux le dire, baby ! » Je me suis collé tout contre sa croupe chaude et je me suis endormi en quarante-cinq secondes.

5

Mais le matin d'après c'était la même rengaine :

« Ce sera tout, Chinaski. Rien pour toi aujourd'hui. »

Une semaine, que ça a duré. Tous les matins de 5 à 7 je restais assis là sans être payé. Mon nom était même retiré des levées de nuit.

Et puis un jour Bobby Hansen, un des plus anciens sups – ancien par la durée de service – m'a dit : « Il m'a fait le même coup une fois. Il a essayé de me faire crever la dalle.

— M'en fous. Je lui lécherai pas le cul. Je plaquerai ou je la sauterai, ou n'importe quoi.

— Pas besoin. Passe au Bureau de Prell tous les soirs. Dis au receveur qu'on te donne pas de travail et tu pourras bosser comme suppléant au courrier express.

1. « La Pierre ». (*Toutes les notes sont du traducteur.*)

— Je peux faire ça ? Pas de règles contre ?

— Je touchais mon chèque toutes les deux semaines.

— Merci, Bobby. »

6

J'ai oublié quand on commençait. 6 ou 7 heures du soir. Quelque chose comme ça.

Tout ce qu'il fallait faire c'était s'asseoir avec une poignée de lettres, prendre un plan de rues et repérer son itinéraire. C'était facile. Tous les chauffeurs prenaient bien plus de temps qu'il en fallait pour calculer leurs trajets et je jouais leur jeu. Je sortais quand tout le monde sortait et rentrais quand tout le monde rentrait.

Après ça on faisait un autre trajet. On avait le temps de traîner dans les cafés, lire les journaux, se sentir humains. On avait même le temps de déjeuner. Chaque fois que je voulais prendre ma journée je la prenais. Sur un des itinéraires il y avait cette jeune sauterelle bien roulée qui avait une lettre express tous les soirs. Elle avait une fabrique de robes et de chemises de nuit sexy et elle les *portait*. Vous montiez son escalier raide vers 11 heures du soir, sonniez à sa porte et vous lui donniez l'express. Elle lâchait toujours une sorte de soupir, comme « ooooooooooooooohhhhhhhhhhhHHHHHH ! » et elle se tenait près, très près, et elle ne vous laissait pas partir avant d'avoir fini de le lire, et après elle faisait : « ooooooooh, bonne nuit, merci BEAUCOUP ! »

« À vot' service, m'dame », que vous disiez, et

vous vous en retourniez avec la bite comme celle d'un taureau.

Mais ça devait pas durer. C'est venu dans le courrier après environ une semaine de liberté.

Cher monsieur Chinaski,

Vous êtes convoqué au Bureau d'Oakford immédiatement. Tout refus d'obtempérer pourra entraîner une sanction disciplinaire ou un renvoi.

A.E. JONSTONE, Superintendant,
Bureau d'Oakford.

J'étais de retour sur la croix.

7

« Chinaski ! Prends la tournée 539 ! »

La plus raide de toute la poste. Rien que des immeubles avec des boîtes aux noms effacés, ou sans nom du tout, sous des pétoches minuscules au fond de couloirs obscurs. Des petites vieilles dans les couloirs, tout le long du chemin, qui posaient la même question comme si elles n'étaient qu'une et même personne et avaient la même voix :

« Facteur, vous avez du courrier pour moi ? »

Et vous aviez envie de hurler : « Madame, comment *foutre* pourrais-je savoir qui *vous* êtes, ou moi, ou n'importe qui ? »

La sueur qui dégoulinait, la gueule de bois, l'impossibilité de l'horaire, et Jonstone là-bas dans sa chemise rouge qui le savait pertinemment, qui s'en délectait, tout en prétendant faire ça par raison d'économies. Mais tout le monde savait pourquoi il le faisait. Oh, parlez d'un homme remarquable !

Les gens. Les gens. Et les chiens.

Parce que pour les chiens, laissez-moi vous raconter. C'était une de ces journées de canicule et je faisais ma trotte, en sueur, malade, délirant, la gueule en capilotade. Je m'arrête à un petit immeuble avec la boîte en bas des escaliers le long du trottoir. Je l'ouvre avec ma clé[1]. Pas un bruit. Et voilà que je sens quelque chose se fourrer entre mes cuisses. Remonter tout là-haut. Je jette un œil derrière moi, et c'est un museau de berger allemand adulte que j'ai là, à moitié enfoncé dans le cul. Un coup de dent et il pouvait m'arracher les roustons. J'ai décidé que ces gens-là n'allaient pas avoir leur courrier ce jour-là, et n'auraient même peut-être plus jamais de courrier. Merde, je veux dire, il enfonçait vraiment ce museau là-dedans. SNUFF ! SNUFF ! SNUFF !

Je remets le courrier dans le sac en cuir, et puis très lentement, TRÈS, je fais un demi-pas en arrière. Le museau suit. Je recule encore d'un demi-pas avec l'autre pied. Le museau suit toujours. Alors je recule lentement d'un pas entier, très lentement. Puis un autre. Ensuite j'ai plus bougé. Le museau est parti. Et il est resté là à me regarder. Peut-être qu'il avait jamais senti un truc comme ça et qu'il savait pas trop quoi faire.

Je me suis cassé en douce.

1. Aux États-Unis, les facteurs en ville ont une ou des clés (généralement portées au bout d'une chaîne) leur permettant d'ouvrir les boîtes collectives ou celles situées à l'intérieur des immeubles.

8

Il y avait un autre berger allemand. C'était en plein été et il s'est amené en BONDISSANT d'un jardin, et puis il s'est ÉLANCÉ dans les airs. Ses crocs ont claqué, me ratant d'un poil la jugulaire.

« OH JÉSUS ! j'ai gueulé comme ça, OH JÉSUS-CHRIST ! AU MEURTRE ! AU MEURTRE ! AU SECOURS ! AU MEURTRE ! »

La bestiole s'est retournée et a bondi encore une fois. Je lui ai sonné la gueule comme il faut, au vol, avec le sac postal, les lettres et les magazines qui volaient et tout et tout. Il s'apprêtait à bondir à nouveau quand deux types, les maîtres, sont sortis et l'ont attrapé. Alors, pendant qu'il me regardait en grondant, j'ai ramassé les lettres et les magazines qu'il allait falloir que je reclasse sur le perron de la maison suivante.

« Bande d'enfoirés, vous êtes vraiment cinglés, j'ai dit aux deux types, ce chien est un tueur. Débarrassez-vous-en ou le laissez pas cavaler comme ça ! »

Je me les serais faits tous les deux mais il y avait ce clebs qui grondait et haletait entre eux deux. Je suis allé sur le perron de la maison suivante et j'ai reclassé mon courrier à quatre pattes.

Pour pas changer j'ai pas eu le temps de déjeuner, mais même comme ça je suis rentré avec quarante minutes de retard.

Stone a regardé sa montre. « T'es en retard de quarante minutes.

— Vous, vous êtes jamais arrivé.

— Je te colle un rapport.

— Sûr, Stone. »

Il avait déjà le formulaire qu'il fallait dans la machine et il s'y est mis. Pendant que j'étais en train de trier le courrier et m'occuper des retours, il s'est approché et a jeté le rapport devant moi. J'en avais ma claque de lire ses rapports et je savais après mon petit tour en ville que toute protestation était inutile. Sans regarder je l'ai jeté dans la bannette.

9

Chaque tournée avait ses pièges et seuls les facteurs titulaires les connaissaient. C'était tous les jours une vacherie différente, et fallait toujours s'attendre à un viol, un meurtre, des chiens ou autre insanité du même tabac. Les titulaires voulaient pas vous dire leurs petits secrets. C'était le seul avantage qu'ils avaient – ça et le fait de connaître leurs casiers de tri par cœur. C'était vraiment la joie pour un nouveau, surtout pour celui qui buvait toute la nuit, se couchait à 2 heures du matin et se levait à 4 h 30 après avoir baisé et chanté toute la nuit, et qui l'étalait quand même, enfin presque.

Un jour j'étais dans la rue et la tournée se passait bien, c'était pourtant une nouvelle, et je pensais, nom de dieu, peut-être que pour la première fois en deux ans je vais pouvoir déjeuner.

J'avais une gueule de bois pas possible, mais tout s'est pourtant passé au poil jusqu'à ce que je tombe sur cette poignée de courrier adressé à une église. L'adresse n'avait pas le numéro de la rue, juste le nom de l'église et celui du boulevard où elle se trouvait.

J'ai monté les marches, moi et ma gueule de bois. Impossible de trouver une boîte aux lettres là-dedans, ni personne. Rien que des cierges qui brûlaient. Des petits bols pour se tremper les doigts dedans. Et la chaire vide qui me regardait, et toutes les statues, rouge pâle et bleues et jaunes, les fenêtres fermées, une matinée chaude à en crever.

Oh, bordel, j'ai pensé.

Et je suis sorti.

J'ai fait le tour par le côté de l'église et j'ai trouvé un escalier qui descendait. J'ai franchi une porte ouverte. Et vous savez pas ce que j'ai vu ? Une rangée de chiottes. Et de douches. Mais il faisait sombre. Toutes les lumières étaient éteintes. Comment qu'ils voulaient qu'un bonhomme trouve une boîte aux lettres dans le noir ? Et puis j'ai vu l'interrupteur. J'ai fait marcher le truc et les lumières se sont allumées dans toute l'église, dedans comme dehors. Je suis passé dans la pièce à côté et il y avait des chasubles de prêtres étalées sur une table. Il y avait une bouteille de vin.

Nom de Dieu, que je pensais, y a vraiment que moi pour tomber dans des trucs pareils.

J'ai pris la bouteille, j'en ai pris une bonne lampée, j'ai laissé les lettres sur les chasubles et suis retourné aux douches et aux toilettes. J'ai fermé la lumière et j'ai chié dans le noir en fumant une cigarette. J'ai bien pensé à prendre une douche mais je voyais d'ici les manchettes des journaux : FACTEUR SURPRIS EN TRAIN DE BOIRE LE SANG DIVIN ET DE PRENDRE UNE DOUCHE, À POIL, DANS UNE ÉGLISE CATHOLIQUE.

Alors finalement j'ai pas eu le temps de déjeuner

et quand je suis rentré Jonstone m'a collé un rapport pour avoir vingt-trois minutes de retard sur l'horaire.

J'ai appris plus tard que le courrier pour l'église se donnait au presbytère au coin de la rue. Mais maintenant bien sûr je saurai où aller chier ou prendre une douche si je suis dans la panade.

10

La saison des pluies a commencé. La plupart de mon argent passait dans la bibine alors mes chaussures avaient des trous aux semelles et mon imperméable était vieux et déchiré. Sous n'importe quelle bonne averse je me faisais traverser, et je dis bien, traverser – jusqu'aux calcif et chaussettes trempés et détrempés. Les titulaires se faisaient porter pâles, ils se faisaient porter pâles dans toutes les postes de la ville, alors il y avait du travail tous les jours au Bureau d'Oakford, et à tous les bureaux. Jusqu'aux suppléants qui se faisaient porter pâles. Je ne me faisais pas porter pâle simplement parce que j'étais trop crevé pour penser correctement. Ce matin-là on m'a envoyé au Bureau de Wently. Il faisait un de ces orages qui durent cinq jours, avec la pluie qui tombe en un mur d'eau continu et toute la ville abandonne la partie, tout cède, les égouts peuvent plus avaler l'eau assez vite, l'eau passe par-dessus les trottoirs et, dans quelques quartiers, submerge les pelouses jusque dans les maisons.

On m'a donc envoyé au Bureau de Wently.

« Ils ont dit qu'ils avaient besoin de quelqu'un de

bien ! » a crié Stone après moi comme je sortais me perdre dans un mur de flotte.

La porte s'est refermée. Si la vieille tire démarrait, et c'est ce qu'elle a fait, j'étais bon pour Wently. Mais ça faisait rien – parce que si la tire démarrait pas ils vous collaient dans un bus. Mes pieds étaient déjà trempés.

Le chef à Wently m'a mis devant ce casier de tri. Il était déjà plein à craquer et j'ai commencé à fourrer encore plus de courrier dedans avec l'aide d'un autre sup. Jamais j'avais vu un casier pareil ! Ça devait être une sale blague. Je comptais douze raccords[1] sur le casier. Ce casier-là devait facilement couvrir la moitié de la ville au moins. Et ce que je ne savais pas encore, c'est que la tournée ne passait que par des collines raides. Celui qui avait conçu ce truc était à enfermer.

On l'a classée et terminée et juste quand j'allais sortir le chef s'est amené et il a fait : « Sur celle-là je peux pas vous donner d'aide.

— Ça fait rien », j'ai dit.

Ça fait rien, tu parles. Ce n'est que bien plus tard que j'ai appris que c'était le meilleur pote à Jonstone.

La tournée partait de la poste même. Le premier des douze trajets. J'ai pénétré dans le mur de flotte et j'ai descendu la côte. C'était le quartier pauvre de la ville – petits pavillons et petits immeubles avec des boîtes aux lettres pleines d'araignées, des boîtes qui tenaient plus que par un clou, des vieilles bonnes femmes chez elles qui roulaient des cigarettes et chi-

1. Quand une tournée n'est pas continue, le facteur doit faire un « raccord » *(tie-out)* entre les « trajets » *(swing)*, ce qui prend plus longtemps.

quaient leur tabac et fredonnaient pour leurs canaris en vous regardant, l'idiot paumé sous la pluie.

Quand votre slip est trempé il glisse, il descend, descend, il vous descend autour des fesses en une espèce de ficelle mouillée seulement retenue par l'entrejambe de votre pantalon. La pluie faisait couler l'encre sur certaines lettres ; et pas moyen de garder une cigarette allumée. À tout bout de champ fallait ouvrir la sacoche pour en tirer des magazines. C'était le premier trajet et j'étais déjà vanné. Mes chaussures étaient recouvertes de boue, on aurait dit des bottes. De temps en temps je tombais sur un endroit glissant et je manquais de m'étaler.

Une porte s'est ouverte et une vieille m'a posé la question qu'on entendait cent fois par jour :

« Où est le facteur *de d'habitude*, aujourd'hui ?

— Madame, je vous en PRIE, est-ce que je sais ? Comment diable je pourrais savoir ça ? Je suis ici et il est autre part !

— Oh, vous en êtes un *hurluberlu*, vous !

— Un hurluberlu ?

— Oui. »

Je me suis marré et je lui ai collé une lettre épaisse et détrempée dans la main, ensuite je suis passé à la suivante. Peut-être qu'en montant la côte ça ira mieux, je me disais.

Une autre vieille bique, tout en voulant être gentille, m'a demandé : « Vous ne voulez pas entrer prendre une tasse de thé et vous sécher ?

— Madame, vous ne vous rendez pas compte qu'on n'a même pas le temps de remonter not' slip ?

— Remonter votre slip ?

— OUI, REMONTER NOT' SLIP ! » je lui ai hurlé comme ça, et je suis retourné à mon mur de flotte.

J'ai terminé le premier trajet. Ça m'avait pris une heure environ. Onze trajets de plus, ça faisait onze heures. Impossible, je pensais. Ils ont dû me filer le plus dur en premier.

En grimpant la côte c'était plus dur parce qu'il fallait porter son propre poids.

Midi est arrivé et reparti. Sans déjeuner. J'en étais au quatrième ou cinquième trajet. Même par temps sec, la tournée était impossible. Alors là c'était tellement impossible que vous ne pouviez même pas y songer.

Finalement je me suis tellement fait saucer que j'ai cru me noyer. J'ai trouvé un porche dont le toit ne fuyait qu'un petit peu et je suis resté là et j'ai réussi à allumer une cigarette. Trois bouffées peinardes et voilà que j'entends la voix d'une petite vieille derrière moi :

« Facteur ! Facteur !

— Oui, m'dame ? j'ai demandé.

— VOTRE COURRIER SE FAIT SAUCER ! »

J'ai regardé ma sacoche et c'était vrai, j'avais bien laissé le rabat ouvert. Une goutte ou deux étaient tombées d'un trou dans le toit du porche.

Je me suis éloigné. C'est le bouquet, je pensais, seul un idiot endurerait ce que j'endure. Je vais me trouver un téléphone et leur dire de venir chercher leur courrier et leur job ils peuvent se le carrer quelque part. Jonstone gagne la partie.

Dès l'instant où j'ai décidé de plaquer je me suis senti beaucoup mieux. À travers la pluie j'ai vu un bâtiment en bas de la colline qui avait l'air susceptible d'avoir le téléphone. J'étais au milieu de la côte. Arrivé en bas j'ai vu que c'était un petit café. Il y avait du chauffage. Et puis merde, j'ai pensé, autant se sécher un coup. J'ai retiré mon imper et ma casquette, jeté la sacoche par terre et commandé une tasse de café.

C'était du café très noir. Fait avec du vieux marc qui resservait. Le pire café que j'aie jamais bu, mais c'était chaud. J'en ai bu trois tasses et suis resté assis là-dedans une heure jusqu'à ce que je sois complètement sec. Ensuite j'ai regardé dehors : il pleuvait plus ! Je suis sorti et j'ai remonté la côte et recommencé à distribuer le courrier. J'ai pris mon temps et j'ai terminé la tournée. Au douzième trajet je marchais dans la pénombre. Le temps de revenir à la poste et il faisait nuit.

L'entrée des facteurs était bouclée.

J'ai cogné sur la porte en métal.

Un petit préposé bien au chaud s'est pointé et a ouvert la porte.

« Putain, qu'est-ce qui t'a pris si longtemps ? » qu'il m'a crié.

Je suis allé jusqu'au casier et j'ai jeté la sacoche trempée par terre avec les retours, le courrier mal classé et non délivrable. Après ça j'ai retiré ma clé et l'ai balancée contre le casier. Vous étiez supposé signer en prenant et ramenant la clé. J'ai pas pris la peine. Il restait planté là.

Je l'ai regardé.

« Môme, un mot de plus, ne serait-ce qu'un éternuement de ta part, et Dieu me garde, je te tue ! »

Le môme a rien dit. J'ai pointé en sortant.

Le lendemain matin j'attendais que Jonstone se

retourne et dise quelque chose. Il a fait comme si rien ne s'était passé. La pluie avait cessé et les titulaires n'étaient plus malades. Stone a renvoyé trois sups chez eux sans paye et j'étais dans le lot. À ce moment-là, je l'aurais presque aimé.

Je suis rentré me coller tout contre la croupe chaude de Betty.

11

Mais il s'est remis à pleuvoir. Stone m'a mis sur un truc qu'on appelait la Levée dominicale[1], et si vous pensez à l'église, n'y pensez plus. Vous preniez un camion au Garage-Ouest et une feuille de route montée sur une planchette. La feuille vous indiquait quelles rues faire, à quelle heure fallait y être, et comment se rendre à la prochaine boîte. Comme par exemple 14 h 32, carrefour Beecher et Avalon, G3 D2 (ce qui en clair voulait dire à gauche sur trois rues, à droite sur deux) 14 h 35, et vous vous demandiez comment vous pouviez faire la levée d'une boîte, rouler sur cinq rues en trois minutes et avoir fini la levée de l'autre boîte en si peu de temps. Quelquefois ça vous prenait plus de trois minutes pour ratisser une boîte du dimanche. Et les feuilles de route n'étaient pas précises. Des fois ils comptaient une ruelle comme une rue et des fois une rue comme une ruelle. Vous saviez jamais où vous étiez.

C'était une de ces pluies continues, pas fortes, mais ça n'arrêtait *jamais*. Le territoire sur lequel je roulais

1. En anglais, « collection » peut vouloir dire à la fois « levée » et « quête ».

était nouveau pour moi, mais au moins il faisait assez jour pour lire la feuille. Mais à mesure que le jour baissait il devenait plus difficile de lire (à la loupiote du tableau de bord) ou de repérer les boîtes. En plus de ça l'eau montait dans les rues, et plusieurs fois j'avais marché dans l'eau jusqu'aux chevilles.

Et voilà que la pétoche du tableau de bord s'est éteinte. Je pouvais plus lire la feuille. Aucune idée d'où je pouvais bien être. Sans la feuille j'étais comme un homme perdu dans le désert. Mais la poisse n'était pas complète – pas encore. J'avais deux boîtes d'allumettes et juste avant de partir pour la boîte de levée suivante j'allumais une allumette, retenais les directions et je repartais. Pour une fois j'avais damé le pion à l'Adversité, ce Jonstone tout là-haut dans les Cieux qui regardait en bas, qui m'épiait.

Et puis j'ai tourné un coin de rue, sauté dehors pour vider la boîte et quand je suis revenu la feuille de route avait DISPARU !

Jonstone qui êtes aux Cieux, ayez pitié ! J'étais paumé dans le noir et la pluie. Alors comme ça j'étais bien une sorte de taré ? Je me fourrais effectivement moi-même dans des guêpiers pareils ? C'était bien possible. Possible que je sois un demeuré, que je sois verni d'être seulement en vie.

La planchette avait été fixée au tableau de bord avec du fil de fer. Je me suis dit qu'elle avait dû valser du camion au dernier tournant brusque. Je suis sorti du camion en roulant mes jambes de pantalon jusqu'aux genoux et je me suis mis à patauger dans trente centimètres d'eau. Il faisait noir. Jamais j'allais retrouver ce foutu truc ! J'ai continué à marcher en allumant des allumettes – mais rien, que dalle. Elle avait été emportée par le courant. En atteignant le coin de rue j'ai eu assez de jugeote pour remarquer dans quel sens allait le courant et pour le suivre. J'ai vu un objet qui flottait, j'ai allumé une allumette, et c'était ELLE ! La feuille de route. *Pas possible !* J'aurais pu l'embrasser, ce bidule. J'ai regagné le camion en pataugeant, suis monté, j'ai rabaissé mes jambes de pantalon et j'ai véritablement *amarré* la planchette au tableau. Naturellement j'étais en retard sur l'horaire, et pas qu'un peu, mais au moins j'avais retrouvé leur saloperie de feuille de route. J'étais pas perdu dans les ruelles de Nulle Part. Il me faudrait pas tirer une sonnette pour demander à quelqu'un comment rentrer au garage de la poste.

J'entendais d'ici l'enfoiré répliquer du fond de son salon bien chauffé :

« Eh bien, eh bien. C'est *vous*, le préposé aux postes, non ? Et vous ne connaissez même pas le chemin pour rentrer à votre propre garage ? »

Alors j'ai continué à rouler, à craquer des allumettes, à sauter dans des tourbillons d'eau et à faire la levée des boîtes. J'étais fatigué et trempé et j'avais la gueule de bois, mais j'étais généralement comme ça et je traversais la fatigue en pataugeant tout comme je traversais la flotte. J'arrêtais pas de penser à un bain chaud, aux belles jambes de Betty, et – quelque chose pour me soutenir – je m'imaginais dans un fauteuil, verre en main, le chien qui se pointait et moi qui lui caressais la tête.

Mais on en était encore bien loin. Les arrêts sur la feuille semblaient ne jamais devoir finir et quand je suis arrivé en bas de la colonne ça disait « tournez » ;

j'ai retourné la feuille et, bien entendu, au dos il y avait une *autre* liste d'arrêts.

J'ai fait le dernier arrêt avec la dernière allumette, déposé le courrier à la poste indiquée, et y en avait pas qu'un peu, ensuite je suis reparti en direction du Garage-Ouest. C'était dans le quartier Ouest de la ville et à l'Ouest le terrain était très plat, le système d'écoulement ne pouvait pas absorber l'eau et chaque fois qu'il pleuvait ne serait-ce qu'un peu ils se tapaient ce qu'on appelle une « inondation ». Le mot était juste.

À mesure que je roulais l'eau montait de plus en plus. Je voyais partout des voitures en panne et abandonnées. Pas de pot. Tout ce que je voulais c'était me planter dans ce fauteuil avec ce verre de scotch à la main et regarder Betty aller et venir dans la pièce en tortillant du cul. Et voilà qu'à un feu je rencontre Tom Moto, un des sups à Jonstone.

« Par où tu vas ? a demandé Moto.

— La plus courte distance entre un point et un autre, à ce qu'on m'a appris, c'est la ligne droite, je lui ai répondu.

— Tu ferais mieux pas, qu'il m'a dit, je connais cette région. C'est carrément l'océan par là-bas.

— Foutaises, j'ai dit comme ça, tout ce que ça demande c'est un peu de cran. T'as du feu ? »

J'ai allumé ma cigarette et je l'ai laissé au feu rouge.

Betty baby, j'arrive !

Tu parles.

L'eau montait de plus en plus mais les camions postaux sont bâtis haut sur pattes. J'ai coupé par le quartier résidentiel, à toute berzingue, et la flotte giclait tout autour de moi. Il flottait toujours, et fort. Il n'y avait pas de voitures. J'étais le seul objet qui bougeait.

Betty baby. Tu parles.

Un mec sur son perron s'est foutu de moi et m'a hurlé : « LE COURRIER DOIT PASSER ! »

Je l'ai insulté et lui ai fait signe d'aller se faire mettre.

Je me suis aperçu que l'eau montait par-dessus le plancher, clapotant entre mes godasses, mais j'ai continué à foncer. Encore trois rues seulement !

Et alors le camion s'est arrêté.

Oh. Oh. Merde.

Je suis resté assis là-dedans et j'ai tenté de le faire repartir. Il a démarré une fois et puis il a calé. Après ça il a plus répondu. Je restais là à regarder l'eau. Il devait bien y en avoir soixante centimètres. Qu'est-ce que j'étais censé faire ? Rester là jusqu'à ce qu'ils envoient une patrouille de secours ?

Qu'est-ce qu'il en disait, le Manuel postal ? Et où c'est qu'il était ? Je connaissais personne qu'en avait seulement vu un seul.

Foutaises.

J'ai bouclé le camion, mis les clés de contact dans ma poche et suis entré dans l'eau – presque jusqu'à la taille – et je me suis mis à patauger jusqu'au Garage-Ouest. Il pleuvait toujours. Tout d'un coup voilà que l'eau monte encore de six ou huit centimètres. C'était sur une pelouse que j'étais en train de marcher, et je venais de descendre du trottoir. J'avais garé le camion sur la pelouse de quelqu'un.

Un moment j'ai songé que nager serait plus rapide, et puis je me suis dit, non, ça aurait l'air ridicule.

J'ai réussi à atteindre le garage et je suis monté voir le dispatcher. J'étais là, aussi trempé qu'on pouvait l'être, et il me regardait.

Je lui ai jeté les clés du camion et les clés de contact.

Ensuite j'ai écrit sur un bout de papier : 3435 Mountview Place.

« Votre camion est à cette adresse. Allez le chercher vous-même.

— Vous voulez dire que vous l'avez laissé là-bas ?

— Je veux dire que je l'ai laissé là-bas. »

Je suis allé pointer, et puis je me suis mis en slip et me suis posé devant un radiateur. J'ai étendu mes frusques sur le radiateur. Ensuite je regarde de l'autre côté de la pièce et qu'est-ce que je vois près d'un autre radiateur ? Tom Moto, en slip lui aussi.

On a rigolé tous les deux.

« C'est la merde, pas vrai ?

— Pas croyable.

— Tu crois que Stone avait prévu le coup ?

— Sûrement que oui, bordel ! Il a même commandé la flotte !

— T'es resté en rade là-dehors ?

— Un peu, que j'y suis resté.

— Moi aussi.

— Dis donc, baby, j'ai fait, ma bagnole a 12 ans. T'en as une neuve. Je suis sûr que je suis en carafe là-dehors. Si tu me poussais un peu pour m'aider à démarrer ?

— O.K. »

On s'est rhabillés et on est sortis. Moto avait acheté un nouveau modèle environ trois semaines avant.

J'attendais que son moteur démarre. Pas un son. Oh nom de Dieu, j'ai pensé.

La pluie arrivait au plancher.

Moto est sorti.

« Rien à faire. Elle est morte. »

J'ai essayé la mienne sans grand espoir. La batterie a répondu, il y a eu une étincelle, bien que faiblarde. J'ai appuyé sur l'accélérateur et essayé encore. Elle a démarré. Je l'ai fait vraiment rugir. VICTOIRE ! Je l'ai laissée chauffer comme il faut. Ensuite j'ai fait marche arrière et j'ai commencé à pousser la voiture neuve de Moto. Je l'ai poussée sur un mile. L'engin ne daignait même pas péter. Je l'ai poussée jusqu'à un garage, l'ai laissée là, et en prenant par les hauteurs et les rues les plus dégagées je m'en suis retourné retrouver le cul de Betty.

12

Le facteur favori de Stone, c'était Matthew Battles. Jamais Matthew ne se serait amené avec une chemise froissée. En fait, tout ce qu'il portait sur lui était neuf ou en avait l'air. Les chaussures, les chemises, les pantalons, la casquette. Ses chaussures reluisaient vraiment et aucun de ses vêtements ne semblait être passé au blanchissage ne serait-ce qu'une fois. Dès qu'une chemise ou un pantalon était sali le moins du monde il les balançait.

Quand Matthew passait, Stone nous disait souvent :

« Tenez, voilà ce que j'appelle un facteur ! »

Et Stone était sérieux. Que je sois pendu si ses yeux ne brillaient pas d'amour.

Et Matthew dans ces cas-là se tenait auprès de son casier de tri, droit et propret, astiqué et bien reposé, chaussures reluisant victorieusement, et de joie il s'éventait avec ces foutues lettres avant de les mettre dans le casier.

« Vous êtes un vrai facteur, Matthew !

— Merci bien, monsieur Jonstone ! »

Un matin à 5 heures je me pointe et vais m'asseoir pour attendre derrière Stone. Il avait l'air un brin déprimé sous cette chemise rouge.

Moto était à côté de moi. « Ils ont ramassé Matthew hier, qu'il m'a fait.

— Ramassé ?

— Ouais, pour vol de courrier. Il ouvrait les lettres pour le Temple Nekalaya et piquait l'argent. Après quinze ans de service.

— Comment qu'ils l'ont pincé, comment ils ont su ?

— Les petites vieilles. Les petites vieilles envoyaient des lettres à Nekalaya avec de l'argent dedans et elles recevaient jamais de lettre de remerciement ni de réponse. Nekalaya a alerté la Poste et la Poste a gardé Matthew à l'œil. Ils l'ont pincé en train d'ouvrir des lettres dans le vestiaire, en train de piquer le fric.

— Sans déconner ?

— Je te chie pas. Ils l'ont pincé en plein jour. »

Je me suis adossé.

Nekalaya avait construit ce grand temple et l'avait peint en vert dégueulasse, je suppose que ça lui rappelait la couleur des dollars, et il avait un personnel de trente ou quarante personnes qui ne faisaient rien d'autre que d'ouvrir les enveloppes, sortir les chèques et l'argent, prendre note de la somme, la provenance, la date de réception et tout ça. D'autres ne faisaient qu'expédier des livres et des pamphlets écrit par Nekalaya, et sa photo était sur le mur, une grande photo de N. en robe et barbe de prêtre, et un portrait de N., très grand lui aussi, dominait et surveillait le bureau.

Nekalaya prétendait qu'un jour en marchant dans le désert il avait rencontré Jésus-Christ et Jésus-Christ lui avait tout dit. Ils s'étaient assis tous les deux sur un rocher et J.-C. lui avait craché le morceau. À présent il transmettait les secrets à ceux qui pouvaient se le permettre. Il disait également l'office tous les dimanches. Ses aides, qui étaient également ses disciples, pointaient en arrivant et en repartant du travail.

Imaginez un peu Matthew Battles essayant de baiser Nekalaya, lui qu'avait rencontré le Christ dans le désert !

« Est-ce que quelqu'un en a parlé au Stone ?

— Tu rigoles ou quoi ? »

On est restés assis une heure environ. On a donné le casier de Matthew à un sup. On a donné d'autres boulots aux autres remplaçants. J'étais assis tout seul derrière Stone. Alors je me suis levé et suis allé jusqu'à son bureau.

« Monsieur Jonstone ?

— Oui, Chinaski ?

— Où est passé Matthew aujourd'hui ? Malade ? »

Stone a baissé la tête. Il fixait le papier qu'il avait dans la main et faisait mine de continuer à lire. Je suis retourné m'asseoir.

À 7 heures Stone s'est retourné :

« Rien pour toi aujourd'hui, Chinaski. »

Je me suis levé et me suis dirigé vers la porte. Je

suis resté à la porte. « Au revoir, monsieur Jonstone. Bonne journée. »

Il a pas répondu. Je suis descendu jusqu'au magasin et me suis acheté une demi-pinte de Grandad[1] pour mon petit déjeuner.

13

Les gens avaient toujours la même voix, où que vous portiez le courrier vous entendiez les mêmes choses encore et encore.

« Vous êtes en retard, pas vrai ? »

« Où est le facteur de d'habitude ? »

« Salut, Oncle Sam ! »

« Facteur ! Facteur ! C'est pas pour moi, ça ! »

Les rues étaient pleines de gens fous et emmerdants. La plupart habitaient dans des belles maisons et n'avaient même pas l'air de travailler, à se demander comment ils faisaient. Il y avait ce type en particulier qui ne vous laissait jamais mettre le courrier dans sa boîte. Il se tenait toujours devant chez lui et vous regardait venir deux ou trois rues plus loin et il se tenait là et tendait la main.

Je demandais à ceux qui avaient fait la même tournée :

« Qu'est-ce qu'il a, le type qui reste piqué devant chez lui en tendant la main ?

— Quel type qui reste piqué devant chez lui en tendant la main ? »

Ils avaient tous la même voix eux aussi.

1. Marque de bourbon bon marché.

Un jour que je faisais cette tournée-là, l'homme-qui-tend-la-main était en haut de la rue à un demi-pâté de maisons de chez lui. Il était en train de causer à un voisin et il a vu en se retournant que j'étais encore à plus d'une rue de là et qu'il avait le temps de rentrer pour aller à ma rencontre. Dès qu'il a tourné le dos je me suis mis à courir. Je ne crois pas avoir jamais distribué le courrier aussi rapidement, tout en allure et mouvement, sans un arrêt ni une pause, j'avais l'intention de le rétamer. J'avais la lettre à moitié dans la fente de sa boîte quand il s'est retourné et m'a aperçu.

« OH NON NON NON ! qu'il a hurlé, LA METTEZ PAS DANS LA BOÎTE ! »

Il a dévalé la rue à ma rencontre. Je pouvais pas voir ses pieds. Il a dû courir les cent yards en 9.2.

Je lui ai mis la lettre dans la main. Je l'ai regardé l'ouvrir, traverser le perron, ouvrir la porte et rentrer chez lui. Ce que ça voulait dire, j'aimerais bien que quelqu'un me le dise.

14

Une fois de plus j'étais sur une nouvelle tournée. Stone me collait toujours sur des tournées vaches, mais de temps à autre les circonstances faisaient qu'il était forcé de me mettre sur une moins meurtrière. La tournée 511 se déroulait pas mal du tout, et voilà que je songeais à nouveau au *déjeuner*, le déjeuner qui n'arrivait jamais.

C'était un quartier résidentiel normal. Pas d'appartements. Ce n'étaient que maisons après maisons avec des pelouses bien entretenues. Mais c'était tout de même une *nouvelle* tournée et j'avançais tout en me demandant où se trouvait le piège. Même le temps était beau.

Bon Dieu, je pensais, je vais quand même y arriver ! Déjeuner, et retour dans les temps. La vie était enfin supportable.

Ces gens-là n'avaient même pas de chiens. Personne n'était piqué dehors à attendre le courrier. Je n'avais pas entendu voix humaine depuis des heures. Peut-être que j'avais atteint ma maturité postale, quoi que ça puisse être. Je continuais à pouloper, efficace, presque dévoué.

Je me suis souvenu d'un des plus anciens facteurs qui m'avait dit en montrant son cœur : « Chinaski, un jour ça va t'arriver, ça va t'arriver *ici* !

— Crise cardiaque ?

— Dévouement au service. Tu verras. T'en seras fier.

— Foutaises ! »

Mais le bonhomme avait été sincère.

Je pensais à lui tout en marchant.

Et puis j'ai eu une lettre recommandée avec le reçu attaché dessus.

Je suis monté et j'ai sonné. Un petit judas s'est ouvert au milieu de la porte. Je pouvais pas voir la tronche.

« Lettre recommandée !

— Reculez ! a fait une voix de femme. Reculez que je voie votre tête ! »

Bon, ça y est, j'ai pensé, encore une toquée.

« Écoutez ma p'tite dame, vous êtes pas *forcée* de voir ma tête. Je vais juste laisser cet avis dans la boîte et vous pourrez venir la prendre à la poste. Amenez des papiers d'identité. »

J'ai mis l'avis dans la boîte et j'ai commencé à descendre le perron.

La porte s'est ouverte et elle est sortie en courant. Elle portait un de ces négligés qu'on voit à travers et pas de soutien-gorge. Juste un slip bleu marine. Ses cheveux n'étaient pas peignés et se dressaient en l'air comme s'ils essayaient de lui échapper. Il semblait y avoir une sorte de crème sur sa figure, surtout sous les yeux. Sa peau était blanche comme si elle n'avait jamais vu le soleil et sa figure avait un air malsain. Elle avait la bouche qui pendait grande ouverte. Elle portait une trace de rouge à lèvres, et elle était roulée, je ne vous dis que ça...

J'ai vu tout ça comme elle se précipitait sur moi. J'étais en train de remettre la lettre recommandée dans la sacoche.

« Donnez-moi ma lettre ! » qu'elle a crié comme ça.

J'ai dit : « Madame, faut que vous... »

Elle a chipé la lettre et a regagné la porte en courant, l'a ouverte et est rentrée.

Nom de Dieu ! On pouvait pas rentrer sans la lettre recommandée ou alors la signature ! Fallait même signer en prenant et en ramenant ces trucs-là.

« HEY ! »

Je lui ai filé le train et j'ai mis mon pied en travers de la porte juste à temps.

« HEY. ESPÈCE DE...

— Allez-vous-en ! Allez-vous-en ! Vous êtes un sale bonhomme !

— Dites donc, la daronne ! Essayez de comprendre ! Vous devez signer pour cette lettre ! Je peux pas vous laisser l'avoir comme ça ! Vous êtes en train de voler le courrier des États-Unis !

— Allez-vous-en, sale bonhomme ! »

J'ai fait porter tout mon poids contre la porte et je suis entré en poussant. Il faisait sombre, là-dedans. Tous les stores étaient baissés. Tous les stores de la maison étaient baissés.

« VOUS N'AVEZ PAS LE DROIT D'ENTRER CHEZ MOI ! SORTEZ !

— Et vous, vous n'avez pas le droit de voler le courrier ! Ou vous me rendez la lettre ou vous signez pour l'avoir. Alors je partirai.

— C'est bon ! C'est bon ! Je vais signer. »

Je lui ai montré où signer et lui ai donné un stylo. Je regardais ses seins et tout le reste et je me disais, quelle honte qu'elle soit toquée, quelle honte, quelle honte.

Elle m'a rendu mon stylo et sa signature – c'était juste un gribouillis. Elle a ouvert sa lettre, s'est mise à la lire comme je me retournais pour partir.

Alors elle s'est mise en travers de la porte, les bras écartés. La lettre est tombée par terre.

« Méchant méchant méchant homme ! Vous êtes venu pour me violer !

— Écoutez, la daronne, laissez-moi passer.

— LE MAL EST ÉCRIT PARTOUT SUR VOTRE FIGURE !

— Vous croyez que je le sais pas ? Allez, laissez-moi sortir d'ici ! »

D'une main j'ai tenté de l'écarter. Elle m'a griffé tout un côté de la figure, et pas qu'un peu. J'ai lâché la sacoche, ma casquette est tombée, et comme j'épongeais le sang avec mon mouchoir elle s'est amenée et m'a ratissé l'autre côté.

« SALE CONNASSE ! NON MAIS ÇA VA PAS, LA TÊTE ?

— Vous voyez ? Vous voyez ? Vous êtes mauvais ! »

Elle était tout contre moi. Je l'ai empoignée par le cul et j'ai mis ma bouche contre la sienne. Ses seins étaient tout contre moi, tout son corps était collé contre moi. Elle a écarté la tête en me repoussant.

« Violeur ! Violeur ! Sale violeur ! »

Je lui ai happé un nichon avec ma bouche, puis je suis passé à l'autre.

« Au viol ! Au viol ! On me viole ! »

Elle disait vrai. Je lui ai baissé sa culotte, j'ai ouvert ma braguette, la lui ai mise, et je l'ai fait reculer jusqu'au divan. On s'est écroulés dessus.

Elle levait les jambes haut.

« AU VIOL ! » qu'elle beuglait.

Je l'ai finie, j'ai refermé ma braguette, empoigné ma sacoche et je suis sorti en la laissant contempler le plafond, calmée…

J'ai sauté le déjeuner mais j'ai quand même été en retard sur l'horaire.

« T'as quinze minutes de retard », a dit Stone.

J'ai rien dit.

Stone m'a regardé. « Dieu de Dieu, qu'est-ce qui t'est arrivé à la figure ? il a demandé.

— Qu'est-ce qu'est arrivé à la vôtre ?

— Ça veut dire quoi ?

— Laissez tomber. »

15

Pour pas changer j'avais encore la gueule de bois, c'était une autre vague de chaleur – toute une semaine à 40 degrés. Toutes les nuits c'était la picole et au petit matin et dans la journée c'était Stone et l'impossibilité de tout.

Y avait des gars qui portaient des casques coloniaux et des lunettes noires, mais moi, j'étais à peu près pareil, qu'il pleuve ou qu'il fasse beau – vêtements en loques, et les chaussures si vieilles que les clous m'entraient toujours dans les pieds. Je mettais des bouts de carton dans les chaussures. Mais ça n'aidait que temporairement – bientôt les clous me bouffaient les talons à nouveau.

Le whisky et la bière s'échappaient de moi, coulaient à flots de mes aisselles, et je déambulais avec ce chargement sur le dos, comme une croix, sortant les magazines, distribuant des milliers de lettres, titubant, comme soudé sur la face du soleil.

Une bonne femme m'a crié :

« FACTEUR ! FACTEUR ! C'EST PAS POUR ICI ! »

J'ai regardé. Elle était derrière en bas de la côte à une rue de là et j'étais déjà à la bourre.

« Écoutez, madame, mettez la lettre sur votre boîte à l'extérieur ! On viendra la prendre demain !

— NON ! NON ! JE VEUX QUE VOUS LA PRENIEZ TOUT DE SUITE !

— Madame !

— VENEZ LA CHERCHER ! ELLE N'A RIEN À FAIRE ICI ! »

Oh nom de Dieu.

J'ai lâché la sacoche. Après ça j'ai pris ma casquette et l'ai flanquée par terre sur l'herbe. Elle a roulé dans la rue. Je l'ai laissée et suis descendu vers la bonne femme. Un demi-pâté de maisons.

J'y suis allé et je lui ai arraché le truc des mains, j'ai fait demi-tour et suis revenu.

C'était une réclame ! Du courrier de 4e classe. Une histoire de fringues soldées à demi-prix.

J'ai ramassé ma casquette dans la rue, l'ai remise sur ma tête. Remis la sacoche sur le côté gauche de ma colonne vertébrale et suis reparti. 40 degrés.

J'ai passé une maison et une bonne femme m'a couru après.

« Facteur ! Facteur ! Vous n'avez pas de lettre pour moi ?

— Madame, si j'en ai pas mis une dans votre boîte c'est que vous avez pas de courrier.

— Mais je suis sûre que vous avez une lettre pour moi !

— Qu'est-ce qui vous fait dire ça ?

— Parce que ma sœur a téléphoné et elle a dit qu'elle allait m'écrire.

— Madame, j'ai pas de lettre pour vous.

— Je sais bien que si ! Je sais bien que si ! Je sais bien qu'elle est là ! »

Elle a commencé à vouloir attraper une poignée de lettres.

« TOUCHEZ PAS AU COURRIER DES ÉTATS-UNIS, MADAME ! Y A RIEN POUR VOUS AUJOURD'HUI ! »

Je me suis retourné et je suis reparti.

« JE SAIS BIEN QUE VOUS AVEZ MA LETTRE ! »

Une autre bonne femme était sur son perron.

« Vous êtes en retard aujourd'hui.

— Oui, m'dame.

— Où est le facteur de d'habitude ?
— En train de mourir d'un cancer.
— Mourir d'un cancer ? Harold est en train de mourir d'un cancer ?
— Comme je vous le dis », j'ai fait.
Je lui ai tendu son courrier.
« DES FACTURES ! DES FACTURES ! DES FACTURES ! elle a crié, C'EST TOUT CE QUE VOUS TROUVEZ À M'AMENER ? DES FACTURES ?
— Oui, m'dame, c'est tout ce que je trouve à vous amener. »
J'ai fait demi-tour et je suis reparti.
C'était pas ma faute s'ils se servaient de téléphones, de gaz et d'électricité et achetaient tous leurs trucs à crédit. Pourtant quand je leur amenais leurs factures ils m'engueulaient – comme si c'était moi qui leur avais demandé de faire installer le téléphone ou de faire livrer une télé à $350 sans acompte.
L'arrêt suivant c'était une petite habitation à deux étages, plutôt neuve, avec dix ou douze appartements. La boîte était devant, sous une entrée couverte. Enfin un peu d'ombre. J'ai mis la clé dans la boîte et l'ai ouverte.
« SALUT, ONCLE SAM ! COMMENT ÇA VA AUJOURD'HUI ? »
Un vrai gueulard. Je ne m'étais pas attendu à cette voix d'homme derrière moi. Il m'avait *hurlé* ça, et moi, avec ma gueule de bois et tout, j'étais à cran. J'ai véritablement sauté en l'air. J'ai retiré la clé de la boîte et me suis retourné. Tout ce que je pouvais voir c'était une porte-moustiquaire. Il y avait quelqu'un là-derrière. Invisible et climatisé.

« Enfoiré ! j'ai fait, ne m'appelle jamais Oncle Sam ! Je suis *pas* Oncle Sam !

— Oh, t'es un de ces petits *malins*, eh ? Pour un peu je sortirais te tanner la peau du cul ! »

J'ai empoigné ma sacoche et l'ai flanquée par terre. Les magazines et les lettres ont valsé dans tous les coins. Toute cette partie de la tournée à reclasser plus tard. J'ai retiré ma casquette et l'ai fracassée contre le ciment.

« SORS D'ICI, FILS DE PUTE ! OH, DIEU TOUT-PUISSANT, JE T'EN SUPPLIE ! SORS D'ICI ! SORS D'ICI ! »

J'étais prêt à le massacrer.

Personne n'est sorti. Pas un bruit. J'ai regardé la porte-moustiquaire. Rien. C'était comme si l'appartement était vide. J'ai songé une seconde à entrer. Et puis je me suis retourné, me suis mis à genoux pour reclasser les lettres et les magazines. Sans casier c'était pas de la tarte. Vingt minutes plus tard j'avais mon courrier classé. J'ai fourré quelques lettres dans la boîte, laissé les magazines sur le perron, bouclé la boîte, je me suis retourné et j'ai regardé la porte encore une fois. Toujours pas un bruit.

J'ai terminé la tournée, poulopant, me disant, bon, il va téléphoner et dire à Jonstone que je l'ai menacé. Mieux vaut s'attendre au pire en rentrant.

J'ai ouvert la porte en grand et Stone était là, à lire quelque chose.

Je suis resté là à le regarder. J'attendais.

Stone a levé les yeux sur moi puis s'est remis à lire.

J'ai pas bougé. J'attendais toujours.

Stone lisait toujours.

À la fin j'ai dit : « Bon, finissons-en.

— Finissons-en de quoi ? a fait Stone en levant les yeux.

— À PROPOS DU COUP DE FIL ! FINISSONS-EN AVEC CE COUP DE FIL ! RESTEZ PAS ASSIS LÀ COMME ÇA !

— Quel coup de fil ?

— Vous n'avez pas reçu de coup de fil à mon sujet ?

— Un coup de fil ? Qu'est-ce qu'est arrivé ? Qu'est-ce que t'as été fabriquer là-bas ? Qu'est-ce que t'as fait ?

— Rien. »

J'ai traversé la pièce et j'ai été rentrer mes affaires.

Le type n'avait pas appelé. C'était pas par pitié. Il se disait sûrement que je reviendrais s'il téléphonait.

Je suis passé près de Stone en retournant à mon casier.

« Qu'est-ce que t'as fait là-bas, Chinaski ?

— Rien. »

Mon attitude a tellement troublé le Stone qu'il en a oublié de me dire que j'avais trente minutes de retard ou de me coller un rapport pour ça.

16

J'étais en train de trier à côté de G.G. un matin, très tôt. C'est comme ça qu'ils l'appelaient : G.G. Son vrai nom c'était George Green. Mais pendant des années on l'a simplement appelé G.G., et à la fin il ressemblait à G.G. Il était facteur depuis l'âge de 20 ans et maintenant il était de l'autre côté de la soixantaine. Il avait plus de voix. Il parlait pas. Il croassait. Et quand il croassait il disait pas grand-chose. Il n'était ni aimé ni détesté. Il était seulement là. Sa figure s'était ridée en d'étranges plis et masses de chair peu attrayante. Aucun éclat n'émanait de son visage. C'était juste un vieux mec durci qui avait fait son boulot : c'était G.G. Les yeux ressemblaient à deux bouts d'argile mat abandonnés au fond des orbites. Valait mieux pas penser à lui ni le regarder.

Mais G.G., qui avait toute cette ancienneté, avait une des tournées les plus peinardes, juste à la périphérie des beaux quartiers. En fait on aurait pu appeler ça un beau quartier. Les maisons étaient grandes, bien que vieilles, la plupart à deux étages. Pelouses tondues et manucurées par des jardiniers japonais. Il y avait quelques vedettes de cinéma qui vivaient là. Un dessinateur célèbre. Un écrivain à succès. Deux anciens gouverneurs. Personne ne vous adressait la parole dans ce quartier. Vous ne voyiez jamais personne. Le seul moment où vous voyiez du monde c'était en début de tournée là où se trouvaient les maisons les moins chères, et là c'étaient les gosses qui vous embêtaient. Je veux dire par là, G.G. était vieux garçon. Et il avait ce sifflet. Au début de sa tournée il se tenait là de toute sa hauteur et sortait son sifflet, un gros, et soufflait dedans en postillonnant dans tous les azimuts. C'était pour annoncer son arrivée aux enfants. Et eux accouraient de tous les bords et il leur donnait des bonbons, tout en descendant la rue. Brave vieux G.G.

J'ai su le coup des bonbons quand j'ai eu la tournée pour la première fois. Stone aimait pas me donner une tournée aussi facile mais des fois il pouvait pas faire autrement. Alors je faisais mon tour et voilà ce petit garçon qui sort et qui me fait :

« Hey, où qu'il est mon bonbon ? »

Et j'ai dit : « Quel bonbon ? »

Et le môme a dit : « Mon bonbon ! Je veux mon bonbon !

— Dis donc, môme, j'ai dit, tu dois en avoir un grain. Et ta mère te laisse courir comme ça en liberté ? » Le môme m'a regardé d'un drôle d'air.

Mais un jour G.G. a eu des ennuis. Brave vieux G.G. Il a rencontré cette petite fille qui était nouvelle dans le quartier. Et lui a donné un bonbon. Et lui a dit : « Vrai, t'en es une mignonne petite fille ! Ce que j'aimerais avoir une petite fille comme toi ! »

La mère écoutait à la fenêtre et elle est sortie en courant, traitant G.G. de satyre. Elle était pas au courant pour G.G., alors quand elle l'a vu donner des bonbons à la fillette et faire cette déclaration, c'était trop pour elle.

Sacré vieux G.G. Accusé d'être un satyre.

Je suis arrivé et j'ai entendu le Stone au téléphone en train d'expliquer à la mère que G.G. était un homme honorable. G.G. restait juste assis devant son casier, en transe.

Quand Stone a eu fini et raccroché, je lui ai dit :

« Vous devriez pas vous aplatir comme ça devant cette bonne femme. Elle a l'esprit mal tourné. La moitié des mères en Amérique, avec leurs précieuses mottes et leurs précieuses petites filles, la moitié des mères en Amérique ont l'esprit mal tourné. Dites-lui de s'écraser. G.G. peut plus raidir sa trique et vous le savez bien. »

Stone secouait la tête. « Non, le public, c'est de la dynamite ! De la vraie dynamite ! »

C'est tout ce qu'il pouvait dire. J'avais déjà vu le Stone comme ça, faire des courbettes et supplier et se répandre en explications devant n'importe quel toqué téléphonant à propos de n'importe quoi…

J'étais en train de classer à côté de G.G., la tournée 501, ce qui n'était pas trop mal. Il fallait se magner pour classer le courrier à temps, mais c'était *possible*, et ça permettait d'espérer.

G.G. avait beau connaître son casier sur le bout du doigt, ses mains ralentissaient. Il avait simplement distribué trop de lettres dans sa vie – même sa carcasse aux sens ramollis se révoltait finalement. Plusieurs fois au cours de la matinée je l'ai vu flancher. Il s'arrêtait et vacillait, tombait en transe, puis se reprenait et classait quelques lettres de plus. J'aimais pas particulièrement le type. Sa vie n'avait pas été celle d'un brave, et il avait fini par devenir un tas de merde, plus ou moins. Mais chaque fois qu'il flanchait, quelque chose en moi me tiraillait. C'était comme un fidèle cheval qui n'en pouvait simplement plus. Ou une vieille voiture qui calanchait comme ça un beau matin.

Il y avait beaucoup de courrier et quand je regardais G.G. j'en avais des frissons. Pour la première fois en plus de quarante ans il allait peut-être manquer le dispatch du matin ! Pour un homme aussi fier de sa place et de son travail que l'était G.G., ça pouvait être une tragédie. Moi j'avais raté pas mal de départs le matin, et alors fallait que je me trépane les sacs jusqu'aux boîtes de levée avec ma voiture, mais mon attitude était un peu différente.

De nouveau il a flanché.

Dieu de Dieu, je pensais, est-ce que je suis vraiment le seul à le remarquer ?

J'ai jeté un œil autour de moi, personne ne s'en faisait. Ils avaient tous prétendu bien l'aimer, à un moment ou à un autre – « G.G. est un brave type ». Mais le « brave type » était en train de couler et tout le monde s'en foutait. Finalement j'ai eu moins de courrier devant moi que G.G.

Peut-être que je pourrais lui donner un coup de main pour classer ses magazines, que je me disais. Mais un préposé est passé et a encore posé du courrier devant moi et je me suis retrouvé presque au même point que G.G. Ça allait être du peu au jus pour tous les deux. J'ai flanché un moment, et puis j'ai serré les dents, étiré mes jambes et je me suis arc-bouté comme un type qui vient de recevoir un bon coup de poing, et j'ai expédié la masse de lettres.

Deux minutes avant le départ, G.G. et moi on avait notre courrier classé, nos canards triés et mis en sacs, nos « par avion » emballés. On allait l'étaler tous les deux. Je m'étais fait des cheveux pour rien. À ce moment Stone s'est amené. Il portait deux tas de prospectus. Il en a donné un à G.G. et l'autre à moi.

« Faut mettre ceux-là avec », qu'il a dit, et puis il s'est éloigné,

Stone savait qu'on ne pouvait pas classer ces prospectus et être prêts pour le dispatch. Résigné, j'ai coupé les ficelles qui retenaient les prospectus et j'ai commencé à les classer, G.G. restait assis en fixant son tas de prospectus.

Ensuite il a baissé la tête, a mis sa tête entre ses bras et il s'est mis à pleurer doucement.

Je pouvais pas y croire.

J'ai regardé autour de moi.

Les autres ne regardaient pas G.G. Ils préparaient leurs lettres, les attachaient en causant et rigolant entre eux.

« Hey, j'ai fait deux fois, hey ! »

Mais ils ne voulaient pas voir G.G.

Je me suis approché de G.G. Lui ai touché le bras :

« G.G., j'ai dit, qu'est-ce que je peux faire pour toi ? »

Il s'est levé d'un bond de son casier, a monté en courant l'escalier qui menait au vestiaire des hommes. Je l'ai regardé partir. Personne n'a eu l'air de remarquer quoi que ce soit. J'ai classé quelques lettres de plus, puis j'ai foncé en haut des escaliers moi aussi.

Il était là, la tête entre les bras sur une des tables. Seulement maintenant ce n'était plus doucement qu'il pleurait. Il sanglotait et gémissait. Tout son corps était secoué de spasmes. Il arrêtait plus.

J'ai dévalé les marches, passé tous les facteurs et couru jusqu'au bureau de Stone.

« Hey, hey, Stone ! Bon Dieu, Stone !

— Qu'est-ce qu'il y a ? il a demandé.

— G.G. a craqué ! Tout le monde s'en fout ! Il est là-haut à chialer ! Il a besoin d'aide !

— Qui s'occupe de sa tournée ?

— Qu'est-ce que ça peut foutre ? Je vous dis qu'il est *malade* ! Il a besoin qu'on l'aide !

— Faut que je trouve quelqu'un pour s'occuper de sa tournée ! »

Stone s'est levé de son bureau, a passé en revue

tous les facteurs comme s'il y avait pu en avoir un en rab quelque part. Après il est retourné à son bureau.

« Écoutez, Stone, quelqu'un devrait ramener cet homme chez lui. Dites-moi où il crèche et je le conduirai moi-même chez lui – arrêtez l'horloge. Après ça j'irai la porter, votre foutue tournée. »

Stone a levé les yeux :

« Qui s'occupe de ta tournée ?

— Oh, écrasez avec votre tournée !

— VA T'OCCUPER DE TA TOURNÉE ! »

Après ça il a causé à un autre receveur au bout du fil : « Allô, Eddie ? Dis donc, j'aurais besoin d'un gars ici… »

Il n'y aurait pas de bonbons pour les gosses ce jour-là. Je suis retourné à mon casier. Tous les autres facteurs étaient partis. Je me suis mis à trier les prospectus. Sur le casier de G.G. il y avait son tas de prospectus pas classés. J'étais à la bourre une fois de plus. Sans dispatch. Quand je suis rentré en retard l'après-midi, Stone m'a collé un rapport.

Je n'ai jamais revu G.G. Personne sait ce qui lui est arrivé. Et jamais personne n'en parle. Le « brave type ». L'homme dévoué. Égorgé d'une oreille à l'autre à cause d'une poignée de prospectus d'un supermarché voisin – avec son offre spéciale : Une boîte gratuite de savon à lessive d'une marque connue, sur présentation du coupon et pour tout achat au-dessus de $3.

17

Au bout de trois ans je suis passé « titulaire ». Ça voulait dire des congés payés (les sups n'étaient pas payés les jours de repos) et une semaine de quarante heures avec deux jours de repos. Stone a également été forcé de me nommer comme homme d'appoint sur cinq tournées différentes. C'est tout ce que j'avais à porter – cinq tournées différentes. Avec le temps j'ai fini par bien connaître les casiers et les raccourcis et les pièges de chaque tournée. C'était chaque jour plus facile. Je commençais à cultiver cet air confortable.

En un sens, j'étais pas si heureux que ça. J'étais pas homme à rechercher délibérément la douleur, le boulot était encore assez difficile comme ça, mais en un sens il manquait le charme de l'époque où j'étais sup – quand à aucun moment on ne savait foutre rien de ce qui allait arriver ensuite.

Quelques-uns des « réguliers » sont venus et m'ont serré la main.

« Félicitations, qu'ils disaient.

— Ouais », je disais.

Félicitations pour quoi ? J'avais rien fait. À présent je faisais partie du club. J'étais un des leurs. Je pouvais rester là des années, plus tard choisir ma propre tournée. Recevoir des cadeaux de Noël des gens. Et quand je me porterais pâle on dirait à un pauvre bougre de sup : « Où est le *vrai* facteur ? Vous êtes en retard. Le vrai facteur n'est jamais en retard. »

Enfin c'était comme ça. Et puis une circulaire est parue comme quoi aucune casquette ou aucun équipement ne devaient être placés au-dessus du casier du facteur. La plupart des gars mettaient leurs casquettes là-dessus. Ça ne faisait de mal à personne et ça évitait un voyage au vestiaire. Ça faisait trois ans que je mettais ma casquette là-dessus et voilà qu'on m'ordonnait de ne plus le faire.

Enfin, j'arrivais toujours avec la gueule de bois et j'avais autre chose en tête que des histoires de casquettes. Alors le lendemain de la circulaire ma casquette était là-dessus.

Stone a déboulé avec son rapport. Ça disait qu'il était contraire aux règles et aux consignes de laisser de l'équipement au-dessus des casiers de tri. J'ai fourré le rapport dans ma poche et j'ai continué à classer mes lettres. Stone restait tourné dans son fauteuil à me regarder. Tous les autres facteurs avaient mis leur casquette au vestiaire. Sauf moi et un autre type – un nommé Marty. Et Stone s'était approché de Marty et lui avait dit : « Allons, Marty, t'as lu la consigne. Ta casquette n'est pas censée être sur le casier.

— Oh, désolé, chef. L'habitude, vous savez ce que c'est. Désolé. » Marty a enlevé sa casquette du casier et a couru en haut la porter au vestiaire.

Le matin suivant j'ai encore oublié. Stone s'est amené avec son rapport.

Ça disait qu'il était contraire aux règles et consignes de laisser de l'équipement au-dessus du casier.

J'ai mis le rapport dans ma poche et j'ai continué à classer mes lettres.

Le matin d'après, en arrivant, je pouvais voir Stone qui me reluquait. Il me reluquait délibérément. Il attendait de voir ce que je ferais de la casquette.

Je l'ai laissé poireauter un peu. Ensuite j'ai enlevé ma casquette et l'ai placée au-dessus du casier.

Stone s'est précipité avec son rapport.

Je l'ai pas lu. Je l'ai jeté dans la corbeille, j'ai laissé ma casquette là-haut et j'ai continué à classer le courrier.

Je pouvais entendre Stone à sa machine. Il y avait de la rogne dans le son de sa frappe.

Je me demandais comment il avait fait son compte pour apprendre à taper.

Il est revenu. M'a tendu son second rapport.

Je l'ai regardé.

« Pas besoin de le lire. Je sais ce que ça dit. Ça dit que j'ai pas lu le premier rapport. »

J'ai balancé le second rapport dans la corbeille.

Stone est retourné dare-dare à sa machine.

Il m'a tendu un troisième rapport.

« Écoutez, j'ai dit, je sais ce que tous ces trucs disent. Le premier rapport c'était pour avoir laissé ma casquette sur le casier. Le second parce que j'ai pas lu le premier. Le troisième pour ne pas avoir lu le premier ou le deuxième rapport. »

Je l'ai regardé, puis j'ai laissé tomber le rapport dans la corbeille sans le lire.

« Je peux les jeter plus vite que vous pouvez les taper. Ça peut durer comme ça pendant des heures et bientôt l'un de nous va commencer à avoir l'air ridicule. C'est à vous de voir. »

Stone est retourné à son fauteuil et s'est assis. Il tapait plus. Il restait seulement là à me regarder.

Le lendemain j'ai pas été au boulot. J'ai dormi jusqu'à midi. J'ai pas téléphoné. Et puis j'ai été au

Federal Building. Je leur ai dit pourquoi je venais. Ils m'ont amené devant le bureau d'une vieille bonne femme maigre. Elle avait les cheveux gris et un cou très maigre qui se courbait au milieu. Ça lui faisait avancer la tête et elle me regardait par-dessus ses lunettes.

« Oui ?

— Je veux démissionner.

— *Démissionner ?*

— Oui, démissionner.

— Et vous êtes facteur titulaire ?

— Oui, j'ai dit.

— Tsk, tsk, tsk, tsk, tsk, tsk, qu'elle a fait, tsk, tsk, tsk, tsk. »

Et voilà, c'était fait. J'ai pris ma voiture pour rentrer rejoindre Betty et on a décapsulé la bouteille. J'étais loin de me douter que deux ans plus tard j'allais être de retour comme préposé au tri et que j'allais faire le tri, tout courbé sur un tabouret, pendant près de douze ans.

DEUXIÈME PARTIE

1

En attendant, les choses continuaient. J'ai eu une longue série de coups de chance aux courses. Je me suis mis à me sentir en confiance là-bas. Fallait viser un certain profit tous les jours, quelque chose dans les environs de quinze à quarante fafiots. Fallait pas être trop gourmand. Si vous touchiez pas dès le début, fallait parier un peu plus gros, juste assez pour qu'au cas où le cheval arrivait vous ayez votre marge de profit. J'arrêtais plus d'y aller, jour après jour, toujours des gagnants, toujours le pouce en l'air en arrivant dans le driveway pour faire signe à Betty que tout marchait super.

Et puis Betty s'est trouvé un boulot de dactylo, et quand une de ces nénettes se mettent à bosser, vous voyez tout de suite la différence. On continuait à picoler toutes les nuits et elle partait avant moi le matin, la gueule en plomb. Ça lui montrait un peu ce que c'était. Moi je me levais vers 10 h 30, prenais un petit café peinard, un ou deux œufs, jouais avec le chien, flirtais avec la jeune femme d'un mécanicien qui habitait par-derrière, me liais d'amitié avec une strip-teaseuse qui habitait par-devant. À 1 heure j'étais sur le champ de courses, ensuite retour avec mon bénef et j'allais à l'arrêt de bus avec le chien pour prendre Betty et la ramener. C'était la belle vie.

Et puis un soir, Betty, mon amour, m'a fait une scène, devant le premier verre :

« Hank, j'en peux plus !

— T'en peux plus de quoi, baby ?

— De la situation.

— Quelle situation, bébé ?

— Moi qui travaille et toi qui glandes. Tous les voisins pensent que je t'entretiens.

— Merde, avant c'était *moi* qui bossais et *toi* qui glandais.

— C'est pas la même chose. T'es un homme, moi je suis une femme.

— Oh, ça c'est nouveau. Je croyais que vous les gonzesses étiez toujours à beugler pour réclamer l'égalité ?

— Je sais bien ce qui se passe avec la petite motte de beurre là-derrière, qui se balade devant toi les nichons à l'air…

— Les *nichons* à l'air ?

— Oui, les NICHONS ! Ces grosses mamelles blanches !

— Hmmm… C'est vrai qu'ils sont gros…

— Là ! Tu vois bien !

— Non mais qu'est-ce que tu vas chercher ?

— J'ai des amies dans le coin. Elles voient bien ce qui se passe !

— Parlons-en des amies. Rien que des commères mielleuses.

— Et cette pute là-devant, qui prétend être danseuse.

— C'est une pute ?

— Elle se farcirait n'importe quoi avec une bite.

— T'es complètement toquée.

— Je veux pas que tous ces gens-là pensent que je t'entretiens, c'est tout. Tous les voisins…

— On les emmerde, les voisins ! Qu'est qu'on a à foutre de ce qu'ils pensent ? On s'en est toujours foutu. En plus de ça, c'est *moi* qui paie le loyer. C'est *moi* qui paie la bouffe ! Je gagne ma croûte aux courses. Tu gardes ton fric. Tu l'as jamais eue aussi belle.

— Non, Hank, c'est fini. J'en peux plus ! »

Je me suis levé et me suis approché d'elle.

« Allons allons, baby. T'es seulement un peu en boule ce soir. »

J'ai essayé de l'attraper. Elle m'a repoussé.

« C'est bon, merde ! » j'ai dit.

Je suis retourné à mon fauteuil, j'ai terminé mon verre, j'en ai repris un autre.

« C'est fini, elle a dit, je ne couche pas avec toi une nuit de plus.

— D'accord. Garde-la, ta moule. Elle est pas si bath que ça.

— Tu veux garder la maison ou tu veux déménager ? elle a demandé.

— Garde la maison.

— Et le chien ?

— Garde le chien, j'ai dit.

— Tu vas lui manquer.

— Je suis heureux de savoir que je vais manquer à quelqu'un. »

Je me suis levé, suis monté dans la voiture et j'ai loué la première piaule que j'ai vue avec une pancarte. J'ai emménagé la nuit même.

Je venais juste de perdre trois femmes et un chien.

2

Sans savoir comment, je me suis retrouvé avec une jeunesse du Texas sur les genoux. Je ne vais pas entrer dans les détails et vous dire comment je l'ai connue. Enfin c'était comme ça. Elle avait 23 ans. J'en avais 36.

Elle avait les cheveux longs et blonds et elle était bien roulée. À l'époque j'ignorais qu'elle avait aussi beaucoup d'argent. Elle buvait pas, mais moi si. On s'est bien marrés au début. Et on allait aux courses ensemble. Elle jetait du jus, alors chaque fois que je revenais à ma place je trouvais un branleur quelconque qui se glissait de plus en plus près contre elle. Des douzaines, qu'il y en avait. Ils arrêtaient pas de se rapprocher de plus en plus près. Joyce restait tranquillement assise. Fallait que je m'en charge d'une façon ou d'une autre. Ou bien prendre Joyce et changer de place ou alors dire au mec :

« Écoute, mec, celle-là elle est prise ! Alors trisse ! »

Mais me battre contre les loups et les chevaux en même temps était trop pour moi. J'arrêtais pas de perdre. Un pro va aux courses tout seul. Je le savais bien. Mais je pensais que peut-être j'étais exceptionnel. J'ai découvert que j'étais pas exceptionnel du tout. J'étais capable de perdre mon fric aussi vite que n'importe qui.

Ensuite Joyce a exigé qu'on se marie.

Pourquoi pas ? j'ai pensé, de toute façon je suis cuit.

Je l'ai emmenée à Vegas en voiture pour un mariage pas cher, et puis je l'ai ramenée.

J'ai fourgué la voiture pour dix dollars et on s'est retrouvés dans un bus pour le Texas et quand on a débarqué j'avais 75 *cents* en poche. C'était un tout petit patelin, la population, je crois bien, ne dépassait pas les 2 000 habitants. Le bled avait été sélectionné par les experts, dans un article de la presse nationale, comme étant la dernière ville aux USA que n'importe quel ennemi voudrait attaquer avec une bombe atomique. Je voyais bien pourquoi.

Et tout ce temps-là, sans m'en rendre compte, je me dirigeais tout droit dans les bras de la Poste. Cette salope.

Joyce avait une petite maison en ville et on n'en foutait pas une ramée, on baisait et on mangeait. Joyce me nourrissait bien, elle m'engraissait et m'affaiblissait en même temps. Elle en avait jamais assez. Joyce, ma femme, était une nympho.

Je faisais des petits tours en ville, tout seul, pour lui échapper, des marques de dent partout sur la poitrine, le cou, les épaules, et à un autre endroit qui m'inquiétait beaucoup plus et qui était très douloureux. Elle me bouffait tout vif.

Je traversais la ville, claudiquant, et ils me dévoraient des yeux, ils étaient au courant pour Joyce, son appétit sexuel, et aussi ils savaient que son père et son grand-père avaient plus d'argent, de terres, de lacs et de réserves de chasse qu'à eux tous réunis. Ils me prenaient en pitié et me haïssaient tout à la fois.

On m'a envoyé un nabot pour me tirer du lit un matin et il m'a trimballé partout en m'indiquant ceci, cela, M. Trucmuche, le père de Joyce, possède ci, et M. Trucmuche, le grand-père de Joyce, possède ça…

On a roulé toute la matinée. Quelqu'un essayait

de me foutre les foies. Je m'ennuyais. J'étais sur le siège arrière et le nabot croyait que j'étais un arnaqueur, que j'avais intrigué pour me faire les millions. Il savait pas que c'était un accident, et que j'étais un ancien facteur avec 75 *cents* en poche.

Le nabot, pauvre bougre, avait une maladie nerveuse et conduisait très vite, et de temps en temps il se mettait à trembler de partout et il perdait le contrôle de la voiture. Elle se baladait d'un côté de la route à l'autre et une fois elle a éraflé une clôture sur cent mètres avant que le nabot ne retrouve le contrôle de lui-même.

« HEY, VAS-Y MOLLO, COCO ! » je lui gueulais du siège arrière.

C'était bien ça. Ils étaient en train d'essayer de me buter. C'était évident. Le nabot était marié à une très belle fille. Toute môme elle s'était coincé une bouteille de Coca dans la cramouille et elle avait dû aller trouver le docteur pour la retirer ; comme dans toutes les petites villes, l'histoire de la bouteille de Coca s'est ébruitée, la pauvre fille a été mise à l'index et le nabot était le seul preneur. Résultat il a hérité du plus beau cul de la ville.

J'ai allumé un cigare que Joyce m'avait donné et j'ai dit au nabot : « Ça ira comme ça, coco. Maintenant, veille bien à me ramener entier. Et conduis lentement. Je veux pas foirer mon coup maintenant. »

Je jouais à l'arnaqueur pour lui faire plaisir.

« Bien chef, monsieur Chinaski. Tout de suite, chef ! »

Il m'admirait. Il pensait que j'étais un vrai marle.

Quand je suis rentré, Joyce a demandé : « Alors, t'as tout vu ?

— J'en ai vu assez », j'ai dit. Voulant dire par là qu'ils étaient en train d'essayer de me buter. Je savais pas trop si Joyce était dans le coup ou non.

Ensuite elle a commencé à me déshabiller et à me pousser vers le lit.

« Arrête voir un peu, baby ! On y a été deux fois déjà et il est même pas encore deux plombes ! »

Elle s'est contentée de pouffer et a continué à pousser.

3

Son père me haïssait vraiment. Il croyait que j'en avais après son argent. J'en voulais pas, de son foutu fric. Et je voulais même pas de sa foutue fifille.

La seule fois où je l'ai vu c'est quand il est entré dans la chambre à coucher un matin vers 10 heures. Joyce et moi on était au pieu, en train de récupérer. Heureusement on venait juste de finir.

Je l'ai regardé par-dessus le bord de la couverture. Et puis j'ai pas pu m'empêcher. Je lui ai décoché un sourire et un grand clin d'œil.

Il s'est précipité dehors en grondant et jurant.

Si je pouvais être supprimé, il y veillerait certainement.

Le vieux était plus cool. On allait chez lui et je buvais le whisky avec lui et j'écoutais ses disques de cow-boy. Sa bourgeoise était seulement indifférente. Elle m'aimait pas mais elle me détestait pas non plus. Elle s'engueulait beaucoup avec Joyce et une fois ou deux j'ai pris le parti de la vieille. Ça l'a en quelque sorte mieux disposée à mon égard. Mais le vieux était cool. Je crois qu'il était dans le coup de la conspiration.

On était allés manger dans ce café, avec tout le monde qui nous faisait des courbettes et nous reluquait. Il y avait le vieux, la vieille, Joyce et moi.

Après ça on est montés dans la voiture et on est partis.

« T'as jamais vu de bison, Hank ? m'a demandé le vieux.

— Non, Wally, jamais. »

Je l'appelais « Wally ». Vieux compagnons de boisson. Et comment.

« On en a, nous, ici.

— Je croyais qu'ils étaient en voie de disparition.

— Oh non, on en a des douzaines.

— Je peux pas croire ça.

— Montre-lui, Papa Wally », a dit Joyce.

Petite conne. Elle l'appelait « Papa Wally ». Il était pas son papa.

« D'accord. »

On a roulé un bout de chemin jusqu'à ce qu'on arrive à ce champ clôturé vide. Le terrain était en pente et on pouvait pas voir l'autre bout du champ. Ça s'étendait sur des miles en long et en large. Rien que de l'herbe verte et courte.

« Je vois pas de bison, j'ai fait.

— Le vent vient du bon côté, a dit Wally. Passe par là-dessus et marche un bout. Faut que tu marches un petit bout pour les voir. »

Y avait rien, dans ce champ. Ils se croyaient très drôles, à faire marcher un gros malin de la ville. Je suis passé par-dessus la clôture et je suis entré.

« Alors, ils sont où vos bisons ?

— Ils sont là-bas. Continue. »

Oh, merde, ils allaient me faire le vieux coup de la voiture qui s'en va. Enfoirés de fermiers. Ils allaient attendre que je sois là-bas pour se tirer en rigolant. Eh bien allons-y. Je pouvais toujours rentrer à pied. Ça me reposerait de Joyce.

J'ai poulopé dans le champ, attendant qu'ils démarrent. Je ne les entendais pas partir. Je me suis encore avancé et je me suis retourné, j'ai mis mes mains en porte-voix et je leur ai crié : « ALORS, ILS SONT OÙ, VOS BISONS ? »

La réponse est venue de derrière moi. Je pouvais entendre leurs sabots sur le sol. Il y en avait trois, des gros, comme au ciné, et ils cavalaient, ils arrivaient VITE ! Il y en avait un qui avait un poil d'avance sur les autres. C'était pas la peine de demander après qui ils en avaient.

« Oh merde ! » j'ai fait.

Je me suis retourné et j'ai commencé à courir. Cette clôture avait l'air très loin. Ça avait l'air impossible. Je pouvais pas me permettre de regarder derrière moi. Ça pouvait faire toute la différence. Je dépotais, les yeux écarquillés. J'en mettais un sacré coup ! Mais ils gagnaient sur moi ! Je sentais la terre trembler autour de moi comme ils martelaient le sol en arrivant sur moi. Je les entendais baver, je les entendais souffler. Rassemblant mes dernières forces j'ai pris mon élan et j'ai sauté la clôture. J'ai pas grimpé par-dessus. J'ai plané au-dessus. Et j'ai atterri sur le dos dans un fossé avec une de ces bestioles qui avait passé la tête au-dessus de la barrière et qui me regardait.

Dans la voiture ils étaient tous à rigoler. Ils trouvaient que c'était la chose la plus drôle qu'ils avaient jamais vue. Joyce rigolait encore plus fort que les autres.

Les stupides bestioles ont tourné en rond, puis finalement elles se sont cassées.

Je suis sorti du fossé et suis monté en voiture.

« J'ai vu les bisons, j'ai dit, maintenant allons prendre un verre. »

Ils se sont marrés tout le long du chemin du retour. Ils arrêtaient un peu et puis quelqu'un recommençait alors tout le monde remettait ça. Une fois, Wally a dû arrêter la voiture. Il pouvait plus conduire. Il a ouvert la portière et fait un roulé-boulé par terre et il a rigolé. Même grand-mère, qui prenait son pied, sans compter Joyce.

Bientôt l'histoire a fait le tour de la ville et ma façon de marcher a perdu un peu de son assurance. J'avais besoin d'une coupe de cheveux. Je l'ai dit à Joyce.

Elle a dit : « Va chez le coiffeur. »

Et j'ai dit : « Je peux pas. C'est les bisons.

— T'as peur de ces types chez le coiffeur ?

— C'est les bisons », j'ai dit.

C'est Joyce qui m'a coupé les cheveux.

Un vrai massacre.

4

Après ça Joyce a voulu retourner à la grande ville. Avec tous ses inconvénients, cette petite ville valait mieux que la vie des grandes villes, coupe de douilles ou pas. C'était tranquille. On avait notre maison à nous. Joyce me nourrissait bien. Beaucoup de viande.

De la viande riche, fameuse, bien cuite. Je dois dire une chose en faveur de cette salope. Elle savait faire la cuisine. Elle faisait mieux la cuisine qu'aucune des femmes que j'avais connues. La bouffe, c'est bon pour les nerfs et le moral. Le courage vient du ventre – tout le reste n'est que désespoir.

Mais non, elle voulait s'en aller. La vieille lui cherchait toujours des noises et elle en avait sa claque. Moi ça me plaisait plutôt de jouer les affreux. J'avais remis son cousin à sa place, le gros méchant du patelin. Ça s'était jamais vu. Le Jour du Blue-Jean toute la ville était censée porter du jean sous peine d'être flanquée dans le lac. J'ai mis mon seul et unique costard et ma cravate et lentement, comme Billy the Kid, tous les yeux posés sur moi, lentement j'ai marché à travers la ville en faisant du lèche-vitrines, m'arrêtant pour un cigare. J'ai cassé ce bled en deux comme une allumette.

Plus tard j'ai fait la connaissance du toubib local, dans la rue. Je l'aimais bien. Il était toujours délatté par les drogues. Les drogues, c'était pas mon truc, mais si jamais j'avais à me cacher de moi-même pour quelques jours, je savais que je pouvais toujours obtenir ce que je voulais par lui.

« Faut qu'on s'en aille, je lui ai dit.

— Vous devriez rester ici, qu'il m'a dit, c'est la bonne vie. Bon pour la chasse et la pêche. L'air est bon. Et rien qui presse. Cette ville vous appartient, qu'il m'a fait.

— Je sais bien, doc, mais c'est elle qui porte la culotte. »

5

Alors le vieux a fait un gros chèque à Joyce et ça y était. On a loué une petite maison sur une colline, et puis Joyce s'est mise à me sortir toute cette morale stupide.

« On devrait trouver du travail tous les deux, disait Joyce, pour leur prouver que tu cours pas après leur argent. Leur prouver qu'on peut se débrouiller tout seuls.

— Baby, c'est de la gaminerie. N'importe quel crétin est capable de mendier un boulot quelconque ; mais faut être un sage pour l'étaler sans travailler. Ici on appelle ça “la démerde”. J'aimerais être un bon démerdard. »

Elle voulait rien savoir.

Alors je lui ai expliqué qu'un homme pouvait pas trouver de boulot s'il avait pas une voiture pour le trimballer. Joyce a donné un coup de fil et grand-papa a envoyé le fric. Je me suis retrouvé dans une Plymouth neuve. Elle m'a expédié dans la rue dans un beau costard neuf, des pompes de quarante dollars, et je me suis dit, après tout, autant essayer de faire durer le plaisir. Expéditionnaire, voilà ce que j'étais. Quand vous savez rien faire de vos dix doigts c'est ce qui vous attend – expéditionnaire, manutentionnaire, garçon de magasin. J'ai répondu à deux offres d'emploi, suis allé aux deux endroits et les deux m'ont engagé. La première sentait le turbin, alors j'ai pris la seconde place.

Alors j'étais là avec ma machine à papier collant, je travaillais dans un magasin d'articles de dessin. C'était peinard. Il y avait seulement une heure ou deux de travail par jour. J'écoutais la radio en me construisant une petite enceinte avec du contreplaqué, j'y ai mis un vieux bureau, un téléphone, et je tirais ma flemme en lisant *Le Turf*. Des fois je me faisais suer alors je descendais la ruelle jusqu'au café et je restais assis à boire du café, manger de la tarte et flirter avec les serveuses.

Les livreurs se pointaient :

« Où qu'il est, Chinaski ?

— Il est au café. »

Ils descendaient là-bas, prenaient un café, ensuite on remontait la ruelle et on faisait notre truc, décharger quelques cartons du camion ou les mettre dedans. Des histoires de connaissement.

Pas moyen de me faire virer. Même les vendeurs m'avaient à la bonne. Ils volaient le patron par la porte de derrière mais je mouftais pas. C'était leur petit jeu à eux. Ça ne m'intéressait pas. J'avais rien d'un voleur à la manque. Je voulais la terre entière ou rien.

6

Cette turne sur la colline respirait la mort. Je l'ai su le premier jour où j'ai poussé la porte-moustiquaire pour aller dans le jardin derrière. Un son zinzinant rebondissant vrombissant bourdonnant est venu droit sur moi : 10 000 mouches se sont élevées dans les airs toutes en même temps. Tous les jardins avaient des mouches comme ça – il y avait ces hautes herbes vertes et elles créchaient là-dedans, elles adoraient ça.

Oh nom de Dieu, j'ai pensé, et pas une araignée à moins de 5 miles !

Comme je restais planté là, les 10 000 mouches ont commencé à redescendre du ciel, s'installant dans l'herbe, le long de la clôture, par terre, dans mes cheveux, sur mes bras, partout. Une des plus gonflées m'a piqué.

J'ai lâché un gros mot et suis sorti m'acheter la plus grosse bombe de tue-mouches que vous ayez jamais vue. Je les ai combattues pendant des heures, enragés, qu'on était, les mouches et moi, et bien des heures plus tard, toussant et malade à force de respirer le tue-mouches, j'ai regardé autour de moi et il y avait autant de mouches qu'avant. Je crois bien que pour chaque mouche que je tuais elles allaient dans l'herbe et en fabriquaient deux. J'ai abandonné la partie.

La chambre à coucher avait ces étagères qui entouraient le lit. Il y avait des pots et dans les pots il y avait des géraniums. Quand j'ai été au lit avec Joyce pour la première fois et qu'on a commencé à se donner, je me suis aperçu que les planches se mettaient à trembler et à tanguer.

Et puis plop.

« Oh oh ! j'ai dit.

— Qu'est-ce qu'il y a encore ? a demandé Joyce. T'arrête pas ! T'arrête pas !

— Baby, y a un pot de géraniums qui vient de me tomber sur le cul.

— T'arrête pas ! Continue !

— Bon, bon ! »

J'ai rechargé le poêle à nouveau, et ça marchait plutôt bien, et puis…

« Oh, merde !

— Qu'est-ce qu'y a ? Qu'est-ce qu'y a ?

— Un autre pot de géraniums, baby, m'est tombé sur le râble, l'a roulé sur mon dos jusqu'à mon cul, l'est tombé.

— Rien à foutre des géraniums ! Vas-y ! Vas-y !

— Oh, si c'est comme ça… »

Tout le long de la partie de jambes en l'air les pots ont continué à tomber sur moi. C'était comme essayer de baiser pendant une attaque aérienne. Finalement j'ai réussi.

Plus tard, j'ai dit : « Dis donc, baby, faudra qu'on fasse quelque chose au sujet de ces géraniums.

— Non, laisse-les où ils sont !

— Pourquoi ça, baby, pourquoi ?

— Ça ajoute au plaisir.

— Ça ajoute au plaisir ?

— Oui. »

Elle s'est contentée de pouffer. Mais les pots sont restés là-haut. La plupart du temps.

7

Et puis je me suis mis à rentrer en rogne à la maison.

« Qu'est-ce qu'y a, Hank ? »

Fallait que je me soûle tous les soirs.

« C'est le gérant, Freddy. Il s'est mis à siffler cet air. Il le siffle quand j'arrive le matin et il arrête pas, et il le siffle quand je rentre le soir. Ça fait deux semaines que ça dure !

— C'est quoi, cet air ?

— “*Le Tour du monde en quatre-vingts jours.*” J’ai jamais pu blairer cet air-là.

— Alors trouve-toi un autre boulot.

— C’est ce que je vais faire.

— Mais garde cette place-là jusqu’à ce que tu trouves autre chose. Faut qu’on leur prouve que…

— Ça va. Ça va ! »

8

J’ai rencontré un vieux pochard dans la rue un après-midi. Je le connaissais du temps de Betty, quand on faisait la tournée des bars. Il m’a dit que maintenant il était préposé postal et que le boulot était peinard.

C’était un des plus gros bobards du siècle. Ça fait des années que je cherche ce type, mais j’ai bien peur que quelqu’un se le soit fait avant.

Enfin, bon, me revoilà en train de passer l’examen de fonctionnaire encore une fois. Sauf que ce coup-ci j’ai inscrit « préposé » au lieu de « facteur ».

Le temps que je reçoive la convocation pour la cérémonie d’assermentation, Freddy s’était arrêté de siffler *Le Tour du monde en quatre-vingts jours*, mais j’avais hâte de connaître ce boulot pépère avec « Oncle Sam ».

J’ai dit à Freddy : « J’ai une petite course à faire, alors je prendrai une heure ou une heure et demie au déjeuner.

— O.K., Hank. »

J’ignorais encore que ce déjeuner allait prendre si longtemps.

9

On était toute une flopée là-dedans. Cent cinquante ou deux cents. Il y avait des papiers chiants à remplir. Ensuite on s'est tous levés face au drapeau. Le mec qui nous a fait prêter serment était le même mec qui m'avait assermenté la première fois.

Après le serment le mec nous a dit :

« Bon, maintenant vous avez un bon boulot. Faites pas de conneries et vous aurez la sécurité pour le restant de vos jours. »

La sécurité ? La sécurité, on pouvait la trouver en prison. Trois mètres carrés et pas de loyer, pas de charges, pas d'impôt sur le revenu, pas de pension alimentaire. Pas de carte grise. Pas de contravention. Pas de conduite en état d'ivresse. Pas d'argent perdu aux courses. Service médical à l'œil. Camaraderie avec ceux qui ont les mêmes aspirations. Messe. Troufignons pour tirer sa crampe. Enterrement gratuit.

Presque douze ans après, sur ces cent cinquante ou deux cents gus, on ne serait plus que deux à rester. Tout comme il y a des types qui ne sont pas capables d'être chauffeur de taxi ou maquereau ou trafiquant de drogues, la plupart des types, et des nanas aussi, ne sont pas foutus d'être préposés au tri. Je les comprends. Au cours des années je les ai vus défiler par groupes de cent cinquante ou deux cents et seulement deux, trois ou quatre restent dans chaque lot – juste assez pour remplacer ceux qui partent en retraite.

10

Le guide nous a fait visiter partout. On était tellement nombreux qu'il a fallu nous diviser en groupes. On utilisait l'ascenseur à tour de rôle. On nous a montré la cafétéria des employés, le sous-sol, tous ces trucs chiants.

Dieu de Dieu, je pensais, j'aimerais bien qu'ils se magnent. Ça fait deux heures déjà que je devrais être rentré du déjeuner.

Ensuite le guide nous a tous donné nos cartes de présence. Il nous a montré les pointeuses.

« Voilà comment vous pointez. »

Il nous a montré comment. Ensuite il a dit : « Maintenant, à vous de pointer. »

Douze heures et demie plus tard on est sortis en pointant. Parlez d'une chouette cérémonie d'assermentation.

11

Au bout de neuf ou dix heures les gens commençaient à avoir sommeil et piquer du nez dans leurs casiers, ils se rattrapaient juste à temps. On s'occupait de zoner le courrier. Si une lettre disait zone 28 vous la mettiez dans le trou n° 28. C'était pas sorcier.

Un gros Noir s'est levé d'un bond et s'est mis à battre des bras pour se réveiller. Il titubait sur le plancher.

« Bordel ! J'en peux plus ! » qu'il a fait.

Et c'était une grande brute pleine de force. C'était très fatigant de se servir des mêmes muscles tout le temps. J'avais mal partout. Et à l'autre bout de la rangée se tenait un surveillant, un autre Stone, et il avait cet *air* sur la figure – ma parole ils doivent s'entraîner devant la glace, tous les surveillants avaient cet *air* – ils vous regardaient comme si vous étiez un tas de merde humaine. Et pourtant ils étaient entrés par la même porte. Ils avaient été préposés ou facteurs. J'arrivais pas à comprendre ça. C'étaient des gardes-chiourmes sélectionnés.

Vous deviez tout le temps garder un pied par terre. Un cran au-dessus de la barre de repos. Ce qu'ils appelaient la « barre de repos » c'était un petit coussin rond monté sur pilotis. Interdiction de causer. Deux pauses de dix minutes en huit heures. Ils notaient l'heure quand vous partiez et l'heure quand vous reveniez. Si vous restiez douze ou treize minutes, vous en entendiez causer.

Mais la paye était meilleure qu'au magasin de fournitures de dessin. Et puis, que je pensais, je pourrais peut-être m'y faire.

J'ai jamais pu m'y faire.

12

Après ça le surveillant nous a changés de rangée. Ça faisait dix heures qu'on était là.

« Avant de commencer, a fait le surveil, je veux vous dire quelque chose. Chaque plateau de ce type de courrier doit être fait en vingt-trois minutes. C'est la cadence. Maintenant, juste pour rire, voyons un peu si chacun de nous peut tenir la cadence. Allons, un, deux, trois, PARTEZ ! »

Qu'est-ce que c'est que ce cirque ? je pensais. Je suis crevé.

Chaque plateau était long de deux pieds. Mais chaque plateau contenait un nombre de lettres différent. Certains plateaux contenaient deux ou trois fois plus de courrier que les autres, selon la taille des lettres.

Les bras se sont mis à voler dans tous les sens. La peur de l'échec.

Moi j'ai pris mon temps.

« Quand vous aurez fini votre premier plateau, prenez-en un autre ! »

Ils en mettaient un fameux coup. Et puis ils se levaient d'un bond et attrapaient un autre plateau.

Le surveillant s'est amené derrière moi. « Là, qu'il a dit en me montrant du doigt, voilà un homme qui tient la cadence. Il en est à la moitié de son second plateau ! »

C'était mon premier plateau. Je savais pas trop s'il essayait de me faire marcher ou non, mais comme j'étais tellement en avance sur eux j'ai ralenti encore un petit peu.

13

À 3 h 30 du matin j'avais fini mes douze heures. À l'époque ils ne payaient pas les suppléants une fois et demie pour les heures supplémentaires. Ça comptait comme des heures normales. Et ils vous embauchaient comme « préposé suppléant temporaire indéfini ».

J'ai mis le réveil à sonner pour être au magasin de fournitures à 8 heures.

« Hank, qu'est-ce qui t'est arrivé ? On croyait que t'avais eu un accident. On attendait toujours que tu reviennes.

— Je plaque.

— Tu plaques ?

— Oui, vous pouvez pas en vouloir à un homme de désirer faire son chemin, pas vrai ? »

Je suis passé au bureau et j'ai demandé mon compte. Une nouvelle fois j'étais de retour à la Poste.

14

Pendant ce temps-là y avait toujours Joyce, ses géraniums et ses deux millions de dollars si je pouvais m'accrocher. Joyce et les mouches et les géraniums. Je travaillais de nuit, douze heures, et dans la journée elle me tripotait, à essayer de me faire œuvrer. J'étais en train de roupiller et je me réveillais avec cette main qui me caressait. Alors fallait que j'y passe. La pauvre chérie était cinglée.

Et puis un matin je rentre et elle dit : « Hank, te mets pas en colère. »

J'étais bien trop crevé pour me mettre en colère.

« Qu'est-ce qu'y a, baby ?

— J' nous ai acheté un chien. Un petit chiot.

— O.K. C'est bonnard. J'ai rien contre les chiens. Où c'est qu'il est ?

— Dans la cuisine. Je l'ai appelé "Picasso". »

Je suis entré et j'ai regardé le chien. Il pouvait rien y voir. Du poil partout sur les yeux. Je l'ai regardé marcher. Ensuite je l'ai ramassé et j'ai regardé ses yeux. Pauvre Picasso !

« Baby, tu sais ce que t'as fait ?

— Tu l'aimes pas ?

— J'ai pas dit que je l'aimais pas. Mais c'est un demeuré. Il a un coefficient d'intelligence aux alentours de 12. Tu nous as bel et bien dégotté un chien idiot.

— Comment tu peux savoir ?

— Je peux le dire rien qu'en le regardant. »

À ce moment précis Picasso s'est mis à pisser. Picasso était plein de pisse. Ça coulait en longues rigoles larges et jaunes le long du pavé de la cuisine. Ensuite Picasso a terminé, il a couru un petit peu et regardé sa pisse.

Je l'ai ramassé.

« Nettoie. »

Donc Picasso n'était qu'un problème de plus.

Je me réveillais après ces douze heures de nuit avec Joyce qui me tripotait la corde à nœuds sous les géraniums et je disais : « Où est Picasso ?

— Oh, *au diable* Picasso ! » qu'elle disait.

Je sortais du lit, à poil, avec ce gros engin-là devant moi.

« Regarde, tu l'as encore laissé dans le jardin ! Je t'ai *déjà dit* de pas le laisser dehors dans la journée ! »

Alors je sortais dans le jardin, à poil, trop fatigué pour m'habiller. C'était plutôt bien abrité des regards. Et ce pauvre Picasso était là, recouvert par 500 mouches, des mouches qui couraient en rond partout sur lui. Je sortais en courant toujours avec mon bidule (qui à ce moment-là piquait du nez) et j'engueulais les mouches. Il en avait dans les yeux, sous le poil, dans les oreilles, sur les parties, dans la bouche… partout. Et il restait assis là à me sourire. À me faire des risettes pendant que les mouches le dévoraient. Peut-être qu'il en savait plus long que nous tous. Je le ramassais et le portais à l'intérieur.

« Et le petit chien riait
De voir un tel cirque
Et l'écuelle s'est sauvée avec la cuiller[1]. »

« Bordel de Dieu, Joyce ! Je te l'ai dit et re-dit et re-re-dit.

— Après tout, c'est *toi* qui l'as dressé. Faut bien qu'il sorte pour aller chier !

— Oui, mais quand il a fini, rentre-le. Il a pas assez de jugeote pour rentrer de lui-même. Et nettoie la merde quand il a fini. T'es en train de créer un vrai paradis à mouches là-dehors. »

Et puis dès que je me rendormais, Joyce se mettait à me caresser à nouveau. Ils en mettaient du temps à venir, ces deux millions.

15

Je somnolais dans un fauteuil en attendant la croûte.

Je me suis levé pour chercher un verre d'eau et en entrant dans la cuisine j'ai vu Picasso qui s'approchait de Joyce pour lui lécher la cheville. J'étais nu-pieds et elle ne m'a pas entendu venir. Elle avait ses talons hauts. Elle l'a regardé et son visage exsu-

1. Comptine de *Mother Goose.*

dait la haine, la haine provinciale, chauffée à blanc. Elle lui a donné un coup de latte dans les flancs, fort, avec le bout pointu de son soulier. Le pauvre bougre s'est seulement mis à courir en rond en gémissant. Il avait de la pisse qui dégouttait de sa vessie. Je suis entré pour mon verre d'eau. J'avais le verre à la main et juste avant de mettre de l'eau dedans je l'ai jeté contre le buffet à gauche de l'évier. Le verre a volé partout. Joyce a juste eu le temps de se couvrir la figure. J'ai pas pris cette peine. J'ai ramassé le chien et suis sorti. Je suis resté assis dans le fauteuil avec lui et j'ai consolé le petit bout de merde. Il m'a regardé et sa langue est sortie et il m'a léché le poignet. Sa queue frétillait et battait comme un poisson qui crève dans un sac.

Je voyais Joyce à genoux en train de ramasser les bouts de verre. Ensuite elle s'est mise à chialer. Elle essayait de se cacher. Elle tournait le dos mais je voyais bien les soubresauts qui la secouaient, qui la déchiraient.

J'ai reposé Picasso et suis passé dans la cuisine.

« Baby. Allons, baby ! »

Je l'ai relevée par-derrière.

« Baby, je te demande pardon… pardon. »

Je la retenais contre moi, la main à plat sur son ventre. Je lui frottais le ventre doucement et lentement, pour essayer d'arrêter les convulsions.

« Du calme, baby, allons, du calme. Calme-toi… »

Elle s'est calmée un peu. Je lui ai relevé les cheveux et l'ai embrassée derrière l'oreille. C'était chaud, là-dessous. Elle s'est dégagée d'une secousse. Quand je l'ai embrassée au même endroit la seconde fois elle n'a pas secoué la tête. Je l'ai sentie inhaler, puis pousser un petit soupir. Je l'ai ramassée et l'ai portée dans l'autre pièce, me suis assis dans un fauteuil avec elle sur les genoux. Elle voulait pas me regarder. Je lui ai embrassé le cou et les oreilles. Une main autour de ses épaules et l'autre au-dessus de la hanche en suivant sa respiration, pour essayer de dissiper la mauvaise électricité.

Finalement, avec l'ombre d'un sourire, elle m'a regardé. Je me suis penché et lui ai mordillé la pointe du menton.

« Toquée de morue ! » j'ai dit.

Elle s'est marrée et puis on s'est embrassés, nos têtes se balançant en avant et en arrière. Elle s'est remise à sangloter.

Je me suis dégagé et j'ai dit : « ARRÊTE ÇA ! »

On s'est embrassés de nouveau. Ensuite je l'ai prise et l'ai portée dans la chambre, posée sur le lit, j'ai retiré mon froc et mon slip et mes chaussures en un clin d'œil, lui ai baissé sa culotte par-dessus ses chaussures, retiré une des chaussures, et alors, sans retirer l'autre chaussure, je lui ai donné la plus belle tronchée qu'elle avait eue depuis des mois. Tous les géraniums sont tombés des étagères. Une fois terminé, je lui ai massé le dos lentement en jouant avec ses longs cheveux. Elle ronronnait. Finalement elle s'est levée et est passée dans la salle de bains.

Elle n'est pas revenue. Elle est allée dans la cuisine et s'est mise à faire la vaisselle en chantant.

Putain de Dieu, Steve McQueen n'aurait pas pu faire mieux.

C'est deux Picasso que j'avais sur les bras.

16

Après dîner ou déjeuner ou je ne sais quoi – avec mes nuits de douze heures j'étais plus sûr de ce qui était quoi – j'ai dit : « Écoute, baby, je suis désolé, mais tu vois pas que ce boulot est en train de me rendre maboul ? Écoute, laissons tomber. Y a qu'à juste glander et faire l'amour et se balader et causer un peu. On peut aller au zoo. Aller voir les animaux. Descendre voir l'océan. Ça prend jamais que quarante-cinq minutes. On peut faire des parties dans les galeries de machines à sous. Aller au musée, à un match de boxe. On pourrait avoir des amis. Rigoler. Ce genre d'existence est comme l'existence de n'importe qui : Elle nous tue.

— Non, Hank, faut qu'on leur montre, faut qu'on leur montre… »

C'était à nouveau la petite provinciale du Texas qui parlait.

J'ai laissé tomber.

17

Chaque soir quand je m'apprêtais pour aller au boulot, Joyce avait mes vêtements étalés sur le lit. Tout était le plus cher possible. Je ne portais jamais les mêmes pantalons, la même chemise, les mêmes chaussures deux nuits de suite. Il y avait des douzaines d'ensembles différents. J'enfilais ce qu'elle sortait pour moi. Juste comme avec maman.

T'as pas été bien loin, que je me disais, et puis j'enfilais le truc.

18

Ils avaient cette chose appelée Cours de formation, et au moins pendant trente minutes on n'avait pas à trier de courrier.

Un costaud de Rital est monté sur l'estrade de conférence pour nous dire ce qu'il en était.

« … Maintenant, y a rien de tel que la bonne odeur de la sueur propre, mais y a rien de pire que l'odeur de sueur refroidie… »

Bon Dieu, je pensais, est-ce que j'entends bien ? Ce gros tas est en train de me dire de me laver sous les bras ? Ils feraient pas ça à un ingénieur ou à un chef d'orchestre. Il est en train de nous dégrader.

« … Alors prenez un bain tous les jours. Vous serez notés sur votre apparence aussi bien que sur votre production. »

Je crois qu'il voulait placer le mot « hygiène » quelque part mais il était simplement pas foutu de le faire.

Après ça il est allé à l'arrière de l'estrade et a déroulé une grande carte. Et je dis bien « grande ». Elle couvrait la moitié de l'estrade. On a allumé une lampe au-dessus de la carte. Et le costaud de Rital a pris une baguette avec le petit téton en caoutchouc comme ils en avaient au lycée et il a pointé sur la carte :

« Là, vous voyez tout ce VERT ? Eh bien y en a foutrement beaucoup. Regardez ! »

Il prenait la baguette et la passait et la repassait sur le vert.

À l'époque on était beaucoup plus antirusse que maintenant. La Chine avait pas encore commencé à se faire les muscles. Le Viêtnam était qu'un tout petit feu de Bengale. Mais je pensais, tout de même, ça doit pas tourner rond, j'ai pas dû bien entendre… Mais personne ne protestait dans la salle. Ils avaient besoin de boulot. Et, d'après Joyce, j'avais besoin d'un job aussi.

Ensuite il a dit : « Regardez là. C'est l'*Alaska* ! Et eux ils sont là ! On dirait presque qu'ils peuvent sauter de l'autre côté, pas vrai ?

— Ouais », a fait une raclure de lavage de cerveau au premier rang.

Le Rital a tiré sur la carte. Elle s'est enroulée sur elle-même dans un grand froissement, toute craquante de furie guerrière.

Après il s'est avancé devant l'estrade et a pointé sa baguette à téton caoutchouté sur nous.

« Je veux que vous vous mettiez dans la tête qu'il faut qu'on empêche le budget de grimper ! Comprenez que CHAQUE LETTRE QUE VOUS TRIEZ – CHAQUE SECONDE, CHAQUE MINUTE, CHAQUE JOUR, CHAQUE SEMAINE – CHAQUE LETTRE SUPPLÉMENTAIRE QUE VOUS TRIEZ EN RAB SUR LA CADENCE AIDE À VAINCRE LES RUSSES ! Bon, c'est tout pour aujourd'hui. Avant de partir, chacun de vous recevra son exercice de tri. »

Exercice de tri ? Qu'est-ce que c'était encore que ça ?

Quelqu'un s'est amené en distribuant ces feuilles.

« Chinaski ? il a dit.

— Ouais ?

— Vous avez la zone 9.

— Merci », j'ai dit.

Je savais pas ce que je disais. La zone 9 était la plus grande de toute la ville. Certains types avaient des zones minuscules. C'était pareil que pour le coup du plateau de deux pieds en vingt-trois minutes – ils vous l'enfonceraient plutôt dans le cul.

19

Le soir d'après, comme ils faisaient passer le groupe du bâtiment principal au bâtiment de formation, je me suis arrêté pour causer à Gus, le vieux vendeur de journaux. Une fois Gus avait été classé au troisième rang des challengers au titre des poids welter mais il était jamais arrivé jusqu'au champion. Il cognait par la gauche, et, comme chacun sait, personne n'aime boxer contre une patte gauche – faut recommencer à entraîner votre gars depuis le début. Alors à quoi bon ? Gus m'a fait entrer et on a sifflé un petit coup de sa bouteille. Après ça j'ai essayé de rattraper le groupe.

Le Rital m'attendait à la porte. Il m'a vu arriver. Il m'a abordé au milieu de la cour.

« Chinaski ?

— Ouais ?

— Vous êtes en retard. »

J'ai rien dit. On a marché ensemble vers le bâtiment.

« J'ai bien envie de vous taper sur les doigts avec un avertissement, il a fait.

— Oh, *s'il vous plaît*, faites pas ça, chef ! S'il vous plaît ! j'ai dit tout en marchant.

— C'est bon, qu'il a fait, je ferme les yeux pour cette fois.

— Merci, chef », j'ai dit, et on est entrés ensemble.

Et vous savez quoi ? L'enfoiré avait des odeurs corporelles.

20

Nos trente minutes étaient à présent consacrées aux exercices de tri. Ils nous donnaient chacun une pile de fiches à apprendre et à fourrer dans la bonne case. Pour réussir le test fallait expédier cent fiches en huit minutes ou moins avec au moins 95 % d'exactitude. On vous donnait trois chances pour réussir, et en cas d'échec au troisième coup, ils vous laissaient partir. Je veux dire par là, vous étiez viré.

« Certains d'entre vous ne l'étaleront pas, disait le Rital. Alors peut-être que vous êtes faits pour autre chose. Peut-être que vous finirez président de la General Motors. »

Après ça on a été débarrassés du Rital et on avait notre gentil petit instructeur de tri pour nous encourager.

« Vous pouvez y arriver, les gars, c'est pas aussi dur que ça en a l'air. »

Chaque groupe avait son instructeur et ils étaient notés eux aussi, d'après le pourcentage de réussites dans le groupe. On avait le type avec le pourcentage le plus bas. Il se faisait des cheveux.

« C'est pas sorcier, les gars, appliquez-vous seulement. »

Y avait des gars qu'avaient des petites piles de fiches. J'avais la plus grosse de toutes.

Je suis resté piqué là dans mes frusques neuves dernier cri. Piqué là, les mains dans les poches.

« Chinaski, qu'est-ce qu'y a qui va pas ? qu'il a demandé, l'instructeur. Je sais que vous, vous pouvez y arriver.

— Sûr. Sûr. J' suis juste en train de réfléchir.

— Réfléchir à quoi ?

— À rien. »

Alors il s'est cassé.

Une semaine plus tard j'étais toujours piqué là les mains dans les poches et un suppléant s'est approché de moi.

« Chef, je crois que je suis prêt à passer mon examen maintenant.

— Vous êtes sûr ? je lui ai demandé.

— J'arrive à 97, 98, 99, et j'ai même réussi 100 une ou deux fois en m'entraînant.

— Il faut bien comprendre que nous dépensons beaucoup d'argent à vous entraîner. Faut que vous ayez saisi le truc à la perfection !

— Chef, je crois vraiment que je suis prêt !

— Bon. » J'ai tendu la main et je lui ai serré la pince.

« Alors allez-y, mon garçon, et bonne chance.

— Merci, chef ! »

Il a cavalé jusqu'à la salle de tri, un bocal entouré de verre dans lequel ils vous mettaient pour voir si vous étiez capable de nager dans leurs eaux. Pauvre poisson. Quelle déchéance, quand on a roulé des mécaniques dans un petit bled de province. Je suis entré dans la salle d'exercice, j'ai enlevé l'élastique qui tenait les fiches et je les ai regardées pour la première fois.

« Oh, merde ! » j'ai fait.

Un ou deux mecs ont rigolé. Ensuite l'instructeur de tri a dit : « Vos trente minutes sont terminées. À présent vous allez retourner travailler. »

Ça voulait dire retour à la mine pour douze heures.

Ils n'arrivaient pas à garder assez de personnel

pour expédier le courrier, alors ceux qui restaient devaient tout se cogner. Sur l'emploi du temps ils nous faisaient travailler deux semaines sans arrêt mais après on avait quatre jours de repos. C'est ça qui nous soutenait. Quatre jours de repos. La dernière nuit, juste avant nos quatre jours de repos, l'intercom a fait :

« ATTENTION ! TOUS LES SUPPLÉANTS DU GROUPE 409 !... »

J'étais dans le groupe 409.

« ... VOS QUATRE JOURS DE REPOS ONT ETE ANNULÉS. VOUS ÊTES TENUS DE VENIR TRAVAILLER LES QUATRE JOURS QUI VIENNENT ! »

21

Joyce s'est trouvé un job avec le comté, la police du comté, rien que ça. Je vivais avec un flic ! Mais au moins elle était de jour, ce qui me reposait un peu de ces mains cavaleuses, sauf que Joyce avait acheté deux perruches, et les foutues bestioles parlaient pas, elles faisaient juste des sortes de sons toute la journée.

Joyce et moi on se voyait au petit déjeuner et au souper – on pausait pas – c'était bien, de ce côté-là. Même si elle réussissait à me violer de temps à autre, c'était mieux qu'avant – sauf pour les perruches.

« Écoute, baby...

— Qu'est-ce que c'est encore ?

— Bon. Je me suis fait aux géraniums et aux mouches et à Picasso, mais faut que tu te rendes compte que je bosse douze heures par nuit en apprenant une zone de tri par-dessus le marché, et tu violes ce qui me reste d'énergie…

— Violes ?

— Bon. Je m'exprime mal. Excuse-moi.

— Qu'est-ce que tu veux dire par "violes" ?

— Je t'ai dit : laisse tomber ! Maintenant écoute, c'est les perruches.

— Parce que maintenant c'est les perruches ? Elles te violent aussi, les perruches ?

— Oui, elles me violent.

— Et qui est au-dessus ?

— Bon, te fous pas de moi. Dis pas de cochonneries. J'essaie de te dire quelque chose.

— Parce que maintenant t'essaies de me dire comment me conduire !

— Oh, ça va, *merde* ! C'est toi qui as le fric ! Tu vas me laisser causer ou pas ? Réponds-moi, oui ou non ?

— D'accord, p'tit bébé. Oui, je t'écoute.

— Bon. 'Tit bébé dit ceci : "M'man ! M'man ! Ces saloperies de perruches me rendent cinglé !"

— Bon, dis à maman pourquoi les perruches te rendent cinglé.

— Eh bien c'est comme j' te l' dis, M'man, les bestioles jactent à longueur de journée, elles arrêtent pas, et j'attends toujours qu'elles disent quelque chose mais elles disent jamais rien et à force d'écouter ces idiotes je dors pas de la journée !

— D'accord, 'tit bébé. Si elles t'empêchent de dormir, mets-les dehors.

— Dehors, M'man ?

— Oui, tu les mets dehors.

— D'accord, M'man. »

Elle m'a embrassé et puis elle a tortillé du cul jusqu'en bas des escaliers pour aller à son boulot de flic.

Je me suis mis au lit et j'ai essayé de dormir. Comment qu'elles jactaient ! Chaque muscle de mon corps me faisait mal. J'avais beau me coucher sur ce côté-ci, sur ce côté-là, sur le dos, j'avais mal. J'ai trouvé que le mieux c'était encore sur l'estomac, mais je m'en suis vite fatigué. Ça prenait deux on trois bonnes minutes pour me tourner d'une position à l'autre.

Je me tournais et me retournais, pestant, criant un peu, et rigolant un peu également à cause du ridicule de la chose. Elles continuaient à papoter. Ça commençait à bien faire. Qu'est-ce qu'elles savaient de la douleur, dans leur petite cage ? Pipelettes à têtes d'œuf ! Rien que des plumes ; une cervelle grosse comme une tête d'épingle.

J'ai réussi à m'extraire du lit, passer à la cuisine, remplir une tasse d'eau, et puis je me suis approché de la cage et j'ai jeté la flotte en plein sur elles.

« Enfoirées ! » je les ai agonies.

Elles m'ont regardé d'un air sinistre sous leurs plumes mouillées. Elles avaient *fermé leur clapet* ! Rien de tel que le vieux traitement à la flotte. J'avais emprunté une page aux psychiatres.

Et puis la verte à gorge jaune a rentré la tête et s'est mordu la gorge. Ensuite elle a regardé en l'air et s'est mise à bavacher avec la rouge à gorge verte, et c'est reparti.

Je me suis assis au bord du lit et je les ai écoutées. Picasso s'est amené et m'a mordu la cheville.

C'en était trop. J'ai porté la cage dehors. Picasso

m'a suivi. 10 000 mouches se sont élevées dans les airs. J'ai posé la cage par terre, ouvert la porte de la cage et me suis assis sur les marches.

Les deux piafs ont regardé la porte. Elles (ou ils) comprenaient pas, et pourtant… Je sentais leur cervelle de minus essayer de fonctionner. Elles avaient leur nourriture et leur flotte juste ici, mais c'était quoi, cet espace grand ouvert ?

La verte à gorge jaune y a été la première. Elle a sauté de son perchoir jusqu'à l'ouverture. Elle est restée à agripper le fil de fer. Elle regardait les mouches autour d'elle (ou lui). Elle est restée là quinze secondes, à se décider. Et puis quelque chose s'est déclenché dans sa petite tête. Elle (ou il) ne s'est pas envolée à proprement parler. Elle a foncé tout droit dans le ciel. Plus haut, toujours plus haut. Droit en l'air ! Droit comme une flèche ! Picasso et moi on restait assis et on regardait. La saloperie de bestiole était partie.

Ensuite ça a été le tour du rouge à gorge verte.

Le rouge hésitait beaucoup plus. Il tournait sur le fond de la cage, nerveux. C'était pas une mince de décision. Les humains, les oiseaux, tout le monde doit prendre ce genre de décisions. C'était pas facile.

Alors ce vieux rouge tournait en rond, à réfléchir. Soleil jaune. Mouches qui bourdonnaient. Homme et chien qui observaient. Tout ce ciel, tout ce ciel.

C'était trop. Vieux rouge a sauté sur le fil de fer. Trois secondes.

ZOOP !

Plus de piaf.

Picasso et moi on a ramassé la cage vide et on est rentrés dans la maison.

Pour la première fois depuis des années j'ai bien dormi. J'en ai même oublié de mettre le réveil à sonner. Je descendais Broadway, New York City, sur un cheval blanc. On venait juste de m'élire maire. Je bandais gros, et puis ensuite quelqu'un m'a jeté de la boue… et Joyce m'a secoué.

« Qu'est-ce qu'est arrivé aux oiseaux ?

— Rien à foutre, des oiseaux ! Je suis le maire de New York !

— Je te parle des oiseaux ! Tout ce que je vois, c'est une cage vide !

— Des oiseaux ? Des oiseaux ? Quels oiseaux ?

— Réveille-toi, merde !

— Dure journée au bureau, ma chérie ? T'as l'air à cran.

— Où sont PASSÉS les OISEAUX ?

— Tu m'as dit de les mettre dehors s'ils m'empêchaient de dormir.

— Je voulais dire de les mettre sur le perron de derrière ou dehors, espèce d'idiot !

— Idiot ?

— Oui, idiot ! Tu veux dire que t'as réellement laissé ces oiseaux sortir de la cage ? Tu veux dire que tu les as réellement laissés sortir de la cage ?

— Enfin, tout ce que je peux dire c'est qu'ils sont pas enfermés dans la salle de bains, et qu'ils sont pas dans le placard.

— Ils vont crever de faim là-dehors !

— Ils peuvent attraper des vers, bouffer des baies, tous ces trucs.

— Ils peuvent pas. Ils peuvent pas. Ils savent pas ! Ils vont crever !

— Ils n'ont qu'à apprendre ou crever », j'ai dit, ensuite je me suis lentement tourné et je me suis rendormi. Je pouvais vaguement l'entendre se faire à bouffer en laissant tomber les couvercles et les cuillers par terre et en jurant. Mais Picasso était sur le lit avec moi, Picasso était à l'abri de ses chaussures pointues. J'ai sorti la main et il l'a léchée, et puis j'ai dormi.

Enfin, j'ai dormi un moment. Quand je suis revenu à moi on était en train de me peloter. J'ai ouvert les yeux et elle était là à me fixer droit dans les yeux comme une folle. Elle était nue, avec ses seins qui pendaient juste devant mes yeux. Ses cheveux qui me chatouillaient les narines. Je me suis rappelé ses millions, je l'ai empoignée, l'ai retournée sur le dos et la lui ai mise.

22

Elle était pas vraiment flic, elle était flic dans un bureau. Et voilà qu'elle a commencé à rentrer à la maison en me parlant d'un type qui portait une épingle à cravate violette et qui était un « vrai gentleman ».

« Oh, il est si *gentil* ! »

J'en entendais causer tous les soirs.

« Alors, que je demandais, comment qu'il allait, ce vieil Épingle Violette ?

— Oh, qu'elle disait, tu sais pas ce qui est arrivé ?

— Non, bébé, c'est pour ça que je te demande.

— Oh, c'est un TEL gentleman !

— D'accord. D'accord. Qu'est-ce qu'est arrivé ?

— Tu sais, il a *tellement souffert* !

— Sûr.

— Sa femme est morte, tu sais.

— Non, je savais pas.

— Sois pas si mariole. Je te dis, sa femme est morte et ça lui a coûté quinze mille dollars en notes d'hôpital et d'enterrement.

— Bon. Et alors ?

— Je marchais dans le couloir. Il arrivait dans l'autre sens. On s'est rencontrés. Il m'a regardée, et avec son accent turc il m'a dit : "Ah, vous êtes si belle !" Et tu sais pas ce qu'il a fait ?

— Non, bébé, dis-moi, dis-moi vite.

— Il m'a embrassée sur le front, légèrement, on ne peut plus légèrement. Et il a continué son chemin.

— Je peux te dire une chose sur lui, bébé. Il a vu trop de films.

— Comment tu savais ?

— Qu'èze tu veux dire ?

— Il possède un drive-in. Il s'en occupe tous les soirs après le travail.

— Pas étonnant, j'ai dit.

— Mais c'est un TEL gentleman ! elle a dit.

— Écoute, bébé, je voudrais pas te faire de peine, mais…

— Mais quoi ?

— Écoute, tu sors de ton trou. Moi j'ai fait plus de cinquante boulots, peut-être cent. Je suis jamais resté nulle part bien longtemps. Ce que j'essaye de te dire, c'est qu'il y a un petit jeu qui se joue dans tous les bureaux, partout en Amérique. Les gens se font suer, ils savent pas quoi faire, alors ils jouent à l'amourette de bureau. La plupart du temps ça veut rien dire, c'est juste pour passer le temps. Des fois ils arrivent à tirer leur crampe une fois ou deux en passant. Mais même comme ça, c'est juste un passe-temps qui prête pas à conséquence, comme le bowling ou la télé ou une fête de Nouvel An. Faut bien que tu comprennes que ça ne veut rien dire, et comme ça, ça te fera pas de mal. Tu comprends ce que je veux dire ?

— Je crois que M. Partisian est sincère.

— Tu vas te faire piquer par cette épingle, bébé, oublie pas que je t'ai prévenue. Fais gaffe à ces entourloupeurs. Ils sont aussi bidon qu'une thune en plomb.

— Il est pas bidon. C'est un gentleman. Un vrai gentleman. J'aimerais bien que tu sois un gentleman comme lui. »

J'ai arrêté les frais. Je suis resté assis sur le divan et j'ai pris mon examen de tri et j'ai essayé de retenir Babcock Boulevard. Babcock donnait 14, 39, 51, 62. Merde. Et j'étais pas foutu de retenir ça ?

23

J'ai finalement eu un jour de repos, et vous savez pas ce que j'ai fait ? Je me suis levé tôt avant que Joyce ne rentre et je suis allé au supermarché faire les courses, et je sais pas ce qui m'a pris. J'ai traversé tout le magasin et au lieu de me prendre un bon steak bien rouge ou même un peu de poulet à sauter, vous savez pas ce que j'ai fait ? Je me suis fait les yeux en tirelire et suis allé jusqu'au rayon Oriental et j'ai commencé à emplir mon panier de pieuvres, d'araignées d'eau, d'escargots, d'algues et tout ça.

La caissière m'a regardé bizarrement et s'est mise à taper le total.

Quand Joyce est rentrée à la maison ce soir-là, j'avais ça tout prêt sur la table. Algues cuites avec une pincée d'araignées d'eau, et des piles de petits escargots dorés au beurre.

Je l'ai emmenée dans la cuisine et lui ai montré les trucs sur la table.

« J'ai cuisiné ça en ton honneur, j'ai dit, au nom de notre amour.

— Qu'est-ce que c'est que cette merde ? elle a demandé.

— Des escargots.

— Des escargots ?

— Oui, tu te rends compte que pendant des siècles les Orientaux ont subsisté sur ce genre de trucs ? Honorons-les et faisons-nous honneur aussi. C'est frit au beurre. »

Joyce est entrée et s'est assise.

J'ai commencé à me jeter des escargots dans le bec.

« Bon Dieu, ils sont bons, baby ! ESSAYES-EN UN ! »

Joyce a avancé sa fourchette et en a mis un dans sa bouche tout en regardant les autres sur son assiette.

J'ai enfourné une grosse bouchée de délicieuses algues.

« Bon, hein, baby ? »

Elle mâchait l'escargot qu'elle avait dans la bouche.

« Dorés au beurre ! »

J'en ai pris quelques-uns avec mes doigts et me les suis jetés dans la bouche.

« Les siècles sont de notre côté, bébé. On peut pas se tromper ! »

Finalement elle a avalé le sien. Ensuite elle a examiné les autres dans son assiette.

« Ils ont tous ces minuscules petits *trous du cul* ! C'est horrible ! Horrible !

— Qu'est-ce qu'il peut y avoir d'horrible dans des trous du cul, baby ? »

Elle a mis une serviette devant sa bouche. S'est levée et s'est précipitée dans la salle de bains. Elle s'est mise à vomir. De la cuisine, je lui criais :

« QU'EST-CE QU'Y A DE MAL DANS DES TROUS DU CUL, BABY ? T'AS UN TROU DU CUL, J'AI UN TROU DU CUL ! TU VAS AU MARCHÉ ET TU ACHÈTES UN FILET DE BŒUF, LUI AUSSI IL AVAIT UN TROU DU CUL ! LES TROUS DU CUL COUVRENT LA TERRE ENTIÈRE ! D'UNE CERTAINE MANIÈRE LES ARBRES ONT DES TROUS DU CUL MAIS SEULEMENT TU PEUX PAS LES VOIR, ILS LÂCHENT SEULEMENT LEURS FEUILLES. TON TROU DU CUL, MON TROU DU CUL, LE MONDE EST PLEIN DE BILLIONS DE TROUS DU CUL. LE PRÉSIDENT A UN TROU DU CUL, LE LAVEUR DE VOITURES A UN TROU DU CUL, LE JUGE ET L'ASSASSIN ONT UN TROU DU CUL... MÊME L'ÉPINGLE VIOLETTE A UN TROU DU CUL !

— Oh, arrête ! Arrête ! »

Elle a encore dégobillé. La province. J'ai ouvert la bouteille de saké et j'ai bu un coup.

24

C'était environ une semaine plus tard, vers 7 heures du matin. J'avais eu droit à un autre jour de repos et après une double partie de jambes en l'air j'étais tout contre le cul de Joyce, son trou du cul, et je dormais, j'en écrasais vraiment, et puis on a sonné à la porte et je suis sorti du lit pour aller répondre.

C'était un petit homme avec une cravate. Il m'a fourré des papiers dans la main et il s'est sauvé.

C'était une citation en divorce. Adieu les millions. Mais j'étais pas en rogne, parce que de toute façon, ses millions, j'avais jamais attendu après.

J'ai réveillé Joyce.

« Quoi ?

— T'aurais pas pu me réveiller à une heure plus décente ? »

Je lui ai montré les papiers.

« Je suis désolée, Hank.

— C'est pas grave. T'avais qu'à me le dire. J'aurais été d'accord. On vient de faire deux fois l'amour, de rire et de s'amuser. Je comprends pas. Et tout ce temps-là tu savais. Je veux bien être pendu si je comprends quelque chose aux bonnes femmes.

— Écoute, j'ai fait la demande quand on s'était disputés. J'ai pensé, si j'attends de me calmer, je le ferai jamais.

— O.K., bébé, j'admire une femme qu'est honnête. C'est l'Épingle Violette ?

— C'est l'Épingle Violette », elle a dit.

Je me suis marré. C'était un rire plutôt triste, je dois l'admettre, mais c'est quand même sorti.

« C'est facile de dire ça maintenant. Mais tu vas en chier avec lui. Je te souhaite bonne chance, bébé. Tu sais que j'ai aimé beaucoup de choses chez toi et c'était pas entièrement ton argent. »

Elle s'est mise à pleurer dans l'oreiller, sur le ventre, secouée de partout. Juste une petite fille de la province, gâtée et paumée. Elle était là à chialer, secouée, et c'était pas du flan. C'était terrible.

Les couvertures avaient glissé et je regardais son dos blanc, ses omoplates qui ressortaient comme si elles avaient voulu se transformer en ailes, percer cette peau. Des petites hélices. Elle était désarmée.

Je me suis mis au lit, lui ai caressé le dos, je l'ai caressée, je la calmais – et puis elle a éclaté de nouveau :

« Oh, Hank, je t'aime, je t'aime, je m'en veux tellement, je m'en veux tellement, tellement, je m'en veux tellement ! »

Elle dérouillait vraiment.

Au bout d'un moment j'ai commencé à avoir l'impression que c'était *moi* qui demandais le divorce.

Ensuite on a tiré un bon coup en l'honneur du bon vieux temps.

Je lui ai laissé la turne, le chien, les mouches, les géraniums.

Elle m'a même aidé à faire mes valises. Plier mes pantalons bien en ordre dans les valises. Emballer mes slips et mon rasoir. Quand j'ai été prêt à partir elle s'est remise à pleurer. Je lui ai mordu l'oreille, la droite, et puis j'ai descendu les escaliers avec mon bordel. Je suis monté en voiture et j'ai commencé à écumer les rues en cherchant une pancarte « À louer ».

Ça commençait à devenir une habitude.

TROISIÈME PARTIE

1

J'ai pas contesté le divorce, pas été au tribunal. Joyce m'a donné la voiture. Elle savait pas conduire. Tout ce que j'avais perdu c'était trois ou quatre millions de dollars. Mais il me restait la Poste.

J'ai rencontré Betty dans la rue.

« Je t'ai vu avec cette garce, y a déjà un moment de ça. C'est pas une femme pour toi.

— Y en a pas une seule qui le soit. »

Je lui ai dit que c'était fini. On a été boire une bière. Betty avait pris un coup de vieux, et vite. Plus lourde. Les rides étaient là. De la chair pendait sous sa gorge. C'était triste. Mais moi aussi j'avais pris un coup de vieux.

Betty avait perdu son job. Le chien s'était fait écraser. Elle avait trouvé un boulot de serveuse, puis l'avait perdu quand ils avaient démoli le café pour construire des bureaux. Maintenant elle avait une petite piaule dans un hôtel pour laissés-pour-compte. Elle changeait les draps là-bas et nettoyait les salles de bains. Elle carburait à la vinasse. Elle a suggéré qu'on pourrait peut-être se remettre à la colle.

J'ai suggéré qu'on pourrait attendre un peu. Je sortais d'en prendre et je me remettais à peine.

Elle est retournée à sa piaule et a mis sa plus belle robe, des hauts talons, elle a essayé de s'arranger un peu. Mais il y avait quelque chose de terriblement triste chez elle.

On a acheté une grande bouteille de bourbon et de la bière, on est montés chez moi au troisième étage d'un vieil immeuble. J'ai pris le téléphone et je me suis fait porter pâle. J'étais assis en face de Betty. Elle a croisé les jambes, envoyé valser ses talons, ri un peu. Comme au bon vieux temps. Enfin presque. Quelque chose manquait.

À l'époque, quand vous vous faisiez porter pâle, la Poste envoyait une infirmière sur place, pour s'assurer que vous n'étiez pas en train de faire la java dans les boîtes ou assis dans une salle de poker. Ma piaule était proche du bureau central alors pour eux c'était facile de m'avoir à l'œil. Betty et moi étions là-dedans depuis deux heures environ quand on a frappé à la porte.

« Qu'est-ce que c'est ?

— Bon, j'ai chuchoté, ferme-la. Retire ces hauts talons, va dans la cuisine et fais pas de bruit.

— UNE SECONDE ! » j'ai lancé à la porte.

J'ai allumé une cigarette pour tuer mon haleine, ensuite je suis allé entrouvrir la porte. C'était l'infirmière. La même que d'habitude. Elle me connaissait.

« Alors, qu'est-ce qui va pas ? » elle a demandé.

J'ai soufflé un petit rouleau de fumée.

« Maux d'estomac.

— Vous êtes sûr ?

— C'est l'estomac.

— Vous voulez bien signer ce papier comme quoi je suis passée et vous étiez chez vous ?

— Certainement. »

L'infirmière m'a glissé le papier par l'entrebâillement. Je l'ai signé. Rendu par la fente.

« Serez-vous au travail demain ?

— Pas moyen de savoir. Si ça va, je viendrai. Sinon, je resterai chez moi. »

Elle m'a regardé d'un sale œil et s'est éloignée. Je savais qu'elle avait senti le bourbon sur mon haleine. Preuve suffisante ? Probablement pas, trop d'obstacles techniques, ou peut-être qu'elle rigolait en remontant dans sa voiture avec son petit sac noir.

« Ça va, j'ai fait, remets tes chaussures et sors de là.

— C'était qui ?

— Une infirmière de la Poste.

— Elle est partie ?

— Ouais.

— Ils font ça chaque fois ?

— Ils en ont pas encore loupé une. Maintenant, faut qu'on se prenne chacun un grand verre bien tassé pour fêter ça ! »

Je suis passé dans la cuisine et j'en ai versé deux bien tassés. Je suis ressorti et j'ai tendu son verre à Betty.

« Salud ! » j'ai dit.

On a levé nos verres, on a trinqué.

À ce moment précis le réveil s'est mis à sonner et c'en était un qui sonnait fort.

J'ai sursauté comme si on m'avait tiré dans le dos. Betty a fait un bond de trente centimètres en l'air. Je me suis précipité sur le réveil et j'ai arrêté la sonnerie.

« Bon Dieu, elle a fait, j'en ai presque chié dans mon froc ! »

On s'est marrés tous les deux. Ensuite on s'est assis. On a sifflé le verre bien tassé.

« J'avais un petit ami qui travaillait pour le comté, elle a dit, ils envoyaient généralement un inspecteur, un mec, mais pas à tous les coups, peut-être une fois sur cinq. Alors ce soir-là je suis en train de boire avec Harry – c'était son nom : Harry. Ce soir-là je suis en train de boire avec Harry et on frappe à la porte. Harry est assis sur le divan tout habillé. "Oh nom de Dieu" qu'il fait comme ça, et le voilà qui saute dans le lit avec toutes ses frusques et qui remonte les couvertures. Je mets les bouteilles et les verres sous le lit et j'ouvre la porte. Le type entre et s'assoit sur le divan. Harry a même ses godasses et chaussettes aux pieds mais il est complètement sous les couvertures. Le type dit : "Comment ça va, Harry ?" Et Harry dit : "Pas trop fort. Elle est venue pour s'occuper de moi." Il me montre. J'étais assise là, soûle. "Bon, du mieux, Harry", qu'il dit, le type, et puis il se barre. Je suis sûre qu'il avait vu les bouteilles et les verres planqués sous le lit, et je suis sûre qu'il savait que les pieds à Harry n'étaient pas si grands que *ça*. On avait eu chaud.

— Merde, ils laisseront jamais vivre un bonhomme, pas vrai ? Ils le veulent toujours à la mine.

— Bien sûr ».

On a bu encore un petit moment et on s'est mis au lit, mais c'était plus pareil, ça ne l'est jamais – il y avait un espace entre nous, il s'était passé des choses. Je l'ai regardée passer dans la salle de bains, j'ai vu les rides et les plis sous ses fesses. La pauvre. Joyce avait été ferme et dure – vous lui mettiez la main et c'était bon. Avec Betty c'était pas si bon. C'était triste, c'était triste, c'était triste. Quand Betty est revenue on n'a pas chanté ni rigolé, on s'est même pas chamaillés. On est restés assis à boire dans le noir, à fumer des cigarettes, et quand on s'est couchés j'ai pas mis mes pieds sur elle ni elle sur moi comme on faisait avant. On a dormi sans se toucher.

On avait été volés tous les deux.

2

J'ai appelé Joyce au téléphone.

« Comment ça marche avec l'Épingle Violette ?

— J'arrive pas à comprendre, elle a dit.

— Qu'est-ce qu'il a fait quand tu lui as dit que t'avais divorcé ?

— On était assis l'un en face de l'autre à la cafétéria des employés quand je lui ai dit.

— Et alors ?

— Il en a laissé tomber sa fourchette. Sa bouche s'est ouverte. Il a fait : "Quoi ?"

— Il a su que t'étais sérieuse, pardi.

— J'arrive pas à comprendre. Depuis ça il m'évite. Quand je le vois dans le couloir il se sauve. Il ne s'assoit plus en face de moi quand on mange. Il a l'air… enfin, presque… froid.

— Baby, des hommes, y en a plein d'autres. Oublie ce type. Mets le cap sur un nouveau mec.

— C'est difficile de l'oublier. Je veux dire, ses manières.

— Il sait que t'as de l'argent ?

— Non, je ne lui ai jamais dit, il sait pas.

— Ben, si tu le veux…

— Non, non ! Je ne le veux pas de cette façon !

— C'est bon, alors. Au revoir, Joyce.

— Au revoir, Hank. »

Peu de temps après ça, j'ai reçu une lettre d'elle. Elle était retournée au Texas. La grand-mère était très malade, on ne lui donnait plus longtemps à vivre. Les gens demandaient de mes nouvelles. Et tout ça. Je t'embrasse, Joyce.

En reposant la lettre je me figurais ce nabot en train de se demander comment j'avais fait mon compte pour rater l'affaire. Le petit numéro de foire qu'avait la tremblote, lui qui me prenait pour un salopard si mariole. C'était dur de le laisser tomber comme ça.

3

Ensuite on m'a convoqué au bureau du personnel tout là-bas au Federal Building. Comme d'habitude, ils m'ont fait poireauter quarante-cinq minutes ou une heure et demie.

Et puis. « Monsieur Chinaski ? a fait cette voix.

— Oui ?

— Entrez. »

L'homme m'a conduit devant un bureau.

Là il y avait cette femme. Elle avait l'air un peu sexy, elle arrivait sur la quarantaine mais on aurait dit que ses ambitions sexuelles avaient été mises de côté au profit d'autre chose, ou simplement ignorées.

« Asseyez-vous, monsieur Chinaski. »

Je me suis assis.

Baby, je me disais, je pourrais te donner une de ces troussées.

« Monsieur Chinaski, elle a fait, nous nous sommes demandé si vous aviez bien rempli cette demande d'emploi correctement.

— Hein ?

— Je veux dire, le casier judiciaire. »

Elle m'a tendu la feuille. Il n'y avait rien de sexuel dans ses yeux.

J'avais mis huit ou dix arrestations pour état d'ivresse. C'était seulement une approximation. J'avais aucune idée des dates.

« Maintenant, avez-vous *tout* déclaré ? elle m'a demandé.

— Hmmmmm, hmmmmm, laissez-moi réfléchir... »

Je savais ce qu'elle voulait. Elle voulait que je dise « oui », et alors là elle m'avait.

« Voyons voir... Hmmmm, hmmmmmm.

— Oui ? elle a fait.

— Oh oh ! Mon Dieu !

— Qu'est-ce que c'est ?

— C'est ou bien état d'ivresse dans une voiture ou conduite en état d'ivresse. Y a environ quatre ans de ça. Je sais plus la date exacte.

— Et ça vous est sorti de l'esprit ?

— Oui, complètement, je voulais le mettre.

— C'est bon. Mettez-le. »

Je l'ai inscrit.

« Monsieur Chinaski. C'est un terrible casier. Je veux que vous vous expliquiez sur ces accusations et si possible que vous nous donniez une justification à votre présent emploi chez nous.

— Bon.

— Vous avez dix jours pour répondre. »

Je tenais pas tant que ça au job. Mais elle m'horripilait.

Ce soir-là je me suis fait porter pâle après avoir acheté du papier à lignes numéroté et une chemise de carton bleu à l'air très officiel. Je me suis aussi pris une bouteille de bourbon et six canettes, et puis je me suis assis et j'ai commencé à taper. J'avais le dictionnaire près de mon coude. De temps à autre je tournais une page, cherchais un mot incompréhensible et long et je construisais une phrase ou un paragraphe autour de cette idée. Ça faisait quarante-deux pages. Je terminais par : « Des copies de ces déclarations ont été conservées pour distribution à la presse, à la télévision et autres mass media. »

Je déconnais complètement.

Elle s'est levée de son bureau et est venue me chercher personnellement. « Monsieur Chinaski ?

— Oui ? »

Il était 9 heures du matin. Le jour d'après qu'elle m'avait demandé de répondre aux accusations. « Une petite minute. »

Elle est retournée à son bureau avec les quarante-deux pages. Elle a lu et lu et lu. Il y avait quelqu'un qui lisait par-dessus son épaule. Puis il y en a eu 2, 3, 4, 5. Tous à lire. 6, 7, 8, 9. À lire tous autant qu'ils étaient.

Qu'est-ce que c'est que ce cirque ? je pensais.

Et puis j'ai entendu, venant du groupe : « Enfin, tous les génies sont des ivrognes ! » Comme si ça expliquait quoi que ce soit. Trop de ciné, encore une fois.

Elle s'est levée du bureau avec les quarante-deux pages à la main.

« Monsieur Chinaski ?

— Oui ?

— Votre affaire suivra son cours. On vous contactera.

— En attendant, continuez à travailler ?

— En attendant, continuez à travailler.

— Bonne matinée », j'ai fait.

4

Une nuit on m'a donné le tabouret à côté de Butchner. Il ne triait pas de courrier. Il restait seulement assis là. Et il parlait.

Une jeune môme est entrée et s'est assise au bout de la rangée. J'entendais Butchner. « Ouais, connasse ! Tu veux ma pine au cul, pas vrai ? C'est ça que tu veux, connasse, pas vrai ? »

J'ai continué à trier le courrier. Le surveillant est passé. Butchner a dit : « T'es sur ma liste, enfoiré ! Je vais te faire ta fête, sale enfoiré ! Pourri dégueulasse ! Enculé ! »

Les surveillants ne se frottaient jamais à Butchner. Personne ne se frottait jamais à Butchner.

Puis je l'ai encore entendu. « Dis donc, baby ! J'aime pas ton air ! T'es sur ma liste, enculé !

T'es juste en tête de ma liste ! Je vais te faire la peau du cul ! Hey, c'est à toi que je cause ! Tu m'entends ? »

C'en était trop. J'ai lâché mon courrier.

« Bon, je lui ai dit, je veux voir ce que t'annonces[1] ! Je veux voir toute ta saloperie de jeu ! Tu veux qu'on sorte ou qu'on fasse ça ici ? »

J'ai regardé Butchner. Il parlait au plafond, cinglé :

« Je t'ai prévenu, t'es en haut de ma liste ! Je vais t'avoir et je vais t'avoir comme il faut ! »

Oh nom de Dieu, j'ai pensé, j'ai vraiment marché à fond dans celle-là ! Les préposés se tenaient très tranquilles. Je les comprenais. Je me suis levé, suis allé boire un coup de flotte. Ensuite je suis revenu. Vingt minutes plus tard je me suis levé pour faire ma pause de dix minutes. Quand je suis revenu le surveillant attendait. Un Noir grassouillet, la cinquantaine. Il m'a hurlé :

« CHINASKI !

— Qu'est-ce qu'y a, mon vieux ? j'ai demandé.

— Vous avez quitté votre siège deux fois en trente minutes !

— Ouais, j'ai été boire un coup de flotte la première fois. Trente secondes. Et puis plus tard j'ai fait ma pause.

— Et si vous travailliez à une machine ? Vous pourriez pas quitter votre machine deux fois en trente minutes ! »

Toute sa gueule luisait de fureur. C'était atterrant. Je pouvais pas comprendre.

« Je vous colle un rapport !

1. Argot de poker.

— D'accord », j'ai dit.

Je suis allé me rasseoir à côté de Butchner. Le surveillant est descendu en courant avec son rapport. C'était écrit à la main. Je pouvais même pas le lire. Il avait écrit avec une telle furie que tout était sorti en pâtés et en écriture couchée.

J'ai plié le rapport en plusieurs fois, et l'ai glissé dans ma poche arrière.

« Je m'en vais tuer ce fils de pute ! a dit Butchner.

— Si seulement, gros lard, j'ai dit, si seulement. »

5

C'était du douze heures par nuit, plus les surveillants, plus les préposés, plus le fait que vous pouviez à peine respirer dans ce paquet de chair, plus la croûte rassise à la cafétéria « bénévole ».

Plus le CP1. City Primary 1. Cet examen de tri n'était rien comparé au City Primary 1. Qui contenait à peu près un tiers des rues de la ville et en quels numéros de zone elles se divisaient. J'habitais dans une des plus grandes villes des États-Unis. Ça faisait beaucoup de rues. Après ça il y avait le CP2. Et le CP3. On avait quatre-vingt-dix jours pour passer chaque test, trois chances, 95 % ou mieux, cent fiches dans une cage de verre, huit minutes, et en cas d'échec ils vous laissaient tenter votre chance pour la présidence de la General Motors, comme disait l'autre. Pour ceux qui passaient, les grilles de tri devenaient un petit peu plus faciles, au bout de la deuxième ou troisième fois. Mais avec les douze heures par nuit et les jours de repos annulés, c'était trop pour la plupart des mecs. Déjà sur notre groupe de cent cinquante ou deux cents on n'était plus que dix-sept ou dix-huit qui restaient.

« Comment est-ce que je peux travailler douze heures par nuit, dormir, manger, me laver, faire la navette entre chez moi et le travail, m'occuper du linge sale, et de l'essence, du loyer, de changer un pneu, faire toutes les petites choses qui doivent être faites et encore en plus de ça bûcher des grilles de tri ? » J'ai demandé ça à l'un des instructeurs dans la salle de tri.

« Passez-vous de sommeil », qu'il m'a dit.

Je l'ai regardé. Il jouait pas *Dixie* à l'harmonica. Ce foutu connard était sérieux.

6

J'ai découvert que le seul bon moment pour bûcher c'était avant de dormir. J'étais toujours trop crevé pour faire ou manger un petit déjeuner, alors je sortais m'acheter un paquet-de-six, des grandes boîtes, je mettais ça sur la chaise près du lit, j'ouvrais une boîte, je prenais une bonne lampée et alors j'ouvrais la feuille de tri. Quand j'arrivais à peu près à la troisième boîte fallait que je laisse tomber la feuille. Y a des limites à ce que vous pouvez encaisser. Après ça j'éclusais le reste de la boîte, assis dans le lit, fixant les murs. À la dernière boîte je m'endormais. Et quand je me réveillais, j'avais tout juste le temps de chier, me laver, manger et retourner au boulot en voiture.

Et on ne s'y faisait pas, on devenait simplement de plus en plus crevé. J'allais toujours chercher mon paquet-de-six avant de rentrer, et un matin j'étais vraiment rétamé. J'ai monté les escaliers (y avait pas d'ascenseur) et j'ai mis la clé dans le bazar. La porte s'est ouverte toute grande. Quelqu'un avait changé tout le mobilier de place, installé un tapis neuf. Non, le mobilier était neuf lui aussi.

Il y avait une femme sur le canapé. Elle avait l'air au poil. Jeune. Bonnes jambes. Une blonde.

« Salut, j'ai fait, voulez une bière ?

— Salut ! elle a fait. D'accord, j'en prendrais bien une.

— J'aime bien la façon dont cette piaule est arrangée, je lui ai dit.

— J'ai fait ça moi-même.

— Mais *pourquoi* ?

— J'en avais envie », elle a fait.

On a bu chacun notre bière.

« Vous êtes au poil », j'ai dit. J'ai posé ma bière et je l'ai embrassée. J'ai mis la main sur un de ses genoux. Elle avait un beau genou.

Ensuite j'ai repris une gorgée de bière.

« Oui, j'ai dit, j'aime bien l'allure de cette piaule. Ça va vraiment me remonter le moral.

— Chic alors. Mon mari aussi l'aime bien.

— Et pourquoi votre mari ne... Hein ? Votre mari ? Dites, c'est quoi le numéro de cet appartement ?

— 309.

— 309. Nom de Dieu ! Je me suis gouré d'étage ! J'habite au 409. Ma clé ouvre votre porte.

— Assieds-toi, mon chou, qu'elle m'a dit comme ça.

— Non, non… »

J'ai ramassé les quatre bières qui restaient.

« Y a pas le feu, elle a dit.

— Y a des hommes qui sont cinglés, j'ai dit en me rapprochant de la porte.

— Qu'est-ce que tu veux dire ?

— Je veux dire, il y a des hommes qui sont amoureux de leur femme. »

Elle a rigolé. « Tu sais où me trouver. »

J'ai refermé la porte et j'ai monté encore un étage. J'ai ouvert ma porte. Il n'y avait personne là-dedans. Le mobilier était vieux et dépenaillé, le tapis avait presque plus de couleur. Boîtes de bière vides par terre. J'étais au bon endroit.

Je me suis déshabillé, me suis mis au lit tout seul et j'ai ouvert une autre bière.

7

Tout en faisant le tri du Bureau de Dorsey j'entendais quelques-uns des anciens taquiner Big Daddy Greystone, comment il avait fallu qu'il s'achète un magnétophone pour apprendre ses grilles. Big Daddy avait lu les grilles de tri sur le magnéto et il écoutait quand il les rejouait. Big Daddy s'appelait Big Daddy pour des raisons évidentes. Il avait envoyé trois femmes à l'hosto avec cet engin-là. Maintenant il s'était trouvé un trou de balle. Une lope nommée Carter. Et même Carter il l'avait esquinté. Carter avait été hospitalisé à Boston. Pour rigoler on disait qu'il n'y avait pas assez de fil sur la côte Ouest pour le recoudre quand Big Daddy en a eu terminé avec lui. Vrai ou faux, j'ai décidé d'essayer le magnétophone. Mes soucis étaient terminés. Je pouvais le laisser marcher pendant mon sommeil. J'avais lu quelque part qu'on pouvait apprendre avec son subconscient pendant qu'on dormait. Ça semblait être la solution la plus facile. J'ai acheté un magnéto et des bandes.

J'ai lu la feuille de tri sur la bande, me suis couché avec ma bière et j'ai écouté :

« BON, HIGGINGS DONNE 42 HUNTER, 67 MARKLEY, 71 HUDSON, 84 EVERGLADE ! ET MAINTENANT ÉCOUTE, ÉCOUTE BIEN, CHINASKI, PITTSFIELD DONNE 21 ASHGROVE, 33 SIMMONS, 46 NEEDLES ! ÉCOUTE, CHINASKI, ÉCOUTE BIEN, WESTHAVEN DONNE 11 EVERGREEN, 24 MARKHAM, 55 WOODTREE ! CHINASKI, ATTENTION, CHINASKI ! PARCH-BLEAK DONNE...[1] »

Ça marchait pas. Ma propre voix me faisait piquer du nez. Je pouvais pas dépasser la troisième bière.

Au bout d'un moment j'ai plus joué les bandes ni potassé les feuilles de tri. Je buvais lentement mes six boîtes de bière, les grandes, et je m'endormais. Je comprenais pas. J'ai même songé à aller voir un psychiatre. Je voyais d'ici le tableau :

« Oui, mon garçon ?

— Ben voilà.

— Allez-y. Vous voulez le divan ?

— Non, merci. Je m'endormirais.

— Allez-y, je vous prie.

— Ben, j'ai besoin de mon job.

— C'est raisonnable.

1. Tous ces noms sont évidemment des noms de rues, boulevards ou avenues de Los Angeles.

— Mais faut que je potasse et que je passe encore trois grilles de tri pour le garder.

— Grilles ? C'est quoi, ces grilles ?

— C'est quand les gens mettent pas le code postal. Alors faut qu'on apprenne ces feuilles de tri après avoir trimé douze heures par nuit.

— Et ?

— Je peux plus ramasser la feuille. Elle me tombe des mains.

— Vous ne pouvez pas apprendre ces grilles ?

— Non. Et il faut que j'expédie cent fiches dans une cage de verre en huit secondes avec au moins 95 % d'exactitude ou je me fais virer. Et j'ai besoin du job.

— Pourquoi vous ne pouvez pas les apprendre, ces grilles ?

— C'est pour ça que je suis ici. Pour vous le demander à *vous*. Je dois être cinglé. Mais il y a toutes ces rues et elles se divisent toutes de façon différente. Tenez, regardez. »

Et je lui tendrais les six pages de codes postaux, agrafées ensemble en haut, petits caractères des deux côtés.

Il parcourrait les pages.

« Et vous êtes supposé retenir tout ça par cœur ?

— Oui, docteur.

— Eh bien, mon garçon, qu'il me ferait en me rendant les feuilles, vous n'êtes pas fou de ne pas vouloir apprendre ça. Je dirais même que vous seriez fou si vous *vouliez* apprendre ça. Ce sera $25. »

Alors je me suis analysé moi-même et j'ai gardé le fric.

Mais fallait faire quelque chose.

Alors j'ai trouvé le joint. Il était environ 9 h 10 du matin. J'ai téléphoné au Federal Building, bureau du personnel.

« Mlle Graves. Je voudrais parler à Mlle Graves s'il vous plaît.

— Allô ? »

C'était elle. La salope. Je me tripotais tout en lui causant.

« Mademoiselle Graves ? C'est Chinaski à l'appareil. C'est moi qui ai rédigé une réponse à votre accusation, comme quoi j'avais un mauvais casier. Je ne sais pas si vous vous souvenez de moi ?

— Nous nous souvenons de vous, monsieur Chinaski.

— On a pris une décision à mon sujet ?

— Pas encore. On vous le fera savoir.

— Bon. D'accord. Mais j'ai un problème.

— Oui, monsieur Chinaski ?

— Je suis en train de potasser le CP1. » J'ai fait une pause.

« Oui ? elle a demandé.

— Je trouve très difficile, je trouve presque impossible d'étudier ces grilles, de consacrer tout ce temps supplémentaire à ça alors que ça risque d'être en pure perte. Je veux dire, je peux être révoqué des services postaux à tout moment. C'est pas juste de me demander d'apprendre les grilles dans ces conditions.

— Très bien, monsieur Chinaski. Je vais téléphoner à la salle de tri pour leur dire de vous retirer du tri jusqu'à ce qu'on prenne une décision.

— Merci, mademoiselle Graves.

— Bonne journée », elle a dit, et elle a raccroché.

C'était une bonne journée. Et après m'être tripatouillé la viande pendant que je téléphonais, j'ai presque décidé de descendre au 309. Mais j'ai joué la prudence. J'ai fait cuire des œufs au bacon et j'ai arrosé ça d'une grande boîte de bière supplémentaire.

8

À la fin on était plus que six ou sept à rester. Le CP1 était simplement trop pour le reste.

« Comment ça marche avec tes grilles, Chinaski ? qu'ils me demandaient.

— Pas de problème, je disais.

— O.K., Woodburn Avenue, ça donne quoi ?

— Woodburn ?

— Oui, Woodburn.

— Écoutez, j'aime pas qu'on me fasse chier avec ce truc-là quand je travaille. Ça m'ennuie. Un boulot à la fois. »

9

À Noël j'ai invité Betty. Elle a fait une dinde au four et on a bu. Betty aimait toujours les arbres de Noël énormes. Celui-ci devait bien avoir sept pieds de haut et la moitié de large, couvert de lumières, d'ampoules, de guirlandes et de merdes à l'avenant. On a siroté deux grosses bouteilles de bourbon, fait l'amour, mangé notre dinde, picolé encore un peu plus. Le clou dans le support du sapin était lâche, et le support était pas assez grand pour maintenir l'arbre. J'arrêtais pas de le redresser. Betty s'est allongée sur le lit, elle avait sa caisse. Je buvais par terre, en slip. Ensuite je me suis étendu. J'ai fermé les yeux. Quelque chose m'a réveillé. J'ai ouvert les yeux. Juste à temps pour voir le grand arbre couvert de lumières brûlantes se pencher lentement vers moi, avec l'étoile pointue qui s'amenait comme une dague. Je savais pas trop ce que c'était. On aurait dit la fin du monde. Je pouvais pas bouger. Les bras de l'arbre m'emprisonnaient. J'étais dessous. Les ampoules étaient brûlantes.

« OH, OH DOUX JÉSUS, PITIÉ SEIGNEUR ! AIDEZ-MOI ! JÉSUS ! JÉSUS ! AU SECOURS ! »

Les ampoules me brûlaient la couenne. J'ai roulé sur le côté gauche, je pouvais pas sortir, alors j'ai roulé sur la droite.

« YAWK ! »

Je me suis finalement extirpé de là-dessous. Betty était debout, piquée là.

« Qu'est-ce qui s'est passé ? Qu'est-ce que c'est ?

— TU VOIS PAS ? CETTE SALOPERIE D'ARBRE A ESSAYÉ DE ME TUER !

— Quoi ?

— OUI, TIENS, REGARDE ! »

J'avais des marques rouges sur tout le corps.

« Oh, mon *pauv'* bébé ! »

J'ai été retirer la prise du mur. Les lumières se sont éteintes. Le truc était mort.

« Oh, mon *pauv'* arbre !

— Ton pauvre arbre ?

— Oui, il était *tellement* joli !

— Je le redresserai demain matin. Maintenant j'ai pas confiance. Je lui donne sa nuit, ou ce qu'il en reste. »

Ça lui plaisait pas. Je voyais la bigorne arriver, alors j'ai redressé le truc derrière un fauteuil et j'ai rallumé les lumières. Si le truc lui avait brûlé les nichons ou les miches, elle l'aurait foutu par la fenêtre. Je trouvais que j'étais de bonne composition.

Quelques jours après Noël je me suis arrêté voir Betty. Elle était assise dans sa piaule, soûle à 8 heures du matin. Elle avait pas bonne mine, mais après tout moi non plus. Il semblait que presque tous les locataires lui avaient donné une bouteille. Il y avait du vin, de la vodka, du bourbon, du scotch. Que des marques les moins chères possible. Il y avait des bouteilles plein la chambre.

« Les sales cons ! Peuvent pas avoir plus de jugeote que ça ? Si tu bois tout ça tu vas en crever ! »

Betty s'est contentée de me regarder. J'ai tout compris dans ce regard.

Elle avait deux enfants qui ne venaient jamais la voir, ne lui écrivaient jamais. Elle était femme de chambre dans un hôtel minable. Quand je l'avais rencontrée la première fois elle portait des vêtements chics, chevilles fines chaussées de souliers coûteux. Sa chair était ferme, elle était presque belle. Les yeux farouches. Rieurs. Elle venait de divorcer d'un mari riche qui devait plus tard mourir dans un accident d'auto, ivre, brûlé vif dans le Connecticut. « T'en viendras jamais à bout », qu'on me disait.

Et elle en était là. Mais on l'avait un peu aidée.

« Écoute, j'ai dit, vaudrait mieux que j'emporte

ça… Je veux dire, je te donnerai seulement une bouteille de temps en temps. Je les boirai pas.

— Laisse les bouteilles », a dit Betty. Elle ne me regardait pas. Sa chambre était au dernier étage et elle était assise dans un fauteuil près de la fenêtre à regarder la circulation matinale.

Je me suis approché d'elle. « Écoute, je suis crevé. Faut que je me casse. Mais bon Dieu vas-y mollo avec cette merde !

— Sûr », elle a fait.

Je me suis penché sur elle et l'ai embrassée pour lui dire au revoir.

Une semaine et demie plus tard environ j'y suis retourné. J'ai frappé. Pas de réponse.

« Betty ! Betty ! Est-ce que ça va ? »

J'ai tourné la poignée. La porte était ouverte. Le lit était retourné. Il y avait une grande tache de sang sur le drap.

« Oh merde ! » j'ai fait. J'ai regardé partout. Toutes les bouteilles avaient disparu.

Et puis je me suis retourné. C'était une Française entre deux âges qui était propriétaire de l'endroit. Elle se tenait à la porte.

« Elle est au centre hospitalier du comté. Elle était très malade. J'ai appelé l'ambulance hier soir.

— Est-ce qu'elle a bu tous ces trucs ?

— On l'a un peu aidée. »

J'ai dévalé les escaliers et suis monté en voiture. En un rien de temps j'étais là-bas. Je connaissais très bien l'endroit. Ils m'ont donné le numéro de chambre.

Il y avait trois ou quatre lits. Une femme était assise dans le sien de l'autre côté, elle mangeait une pomme et rigolait avec deux visiteuses. J'ai tiré le rideau autour du lit de Betty, me suis assis sur le tabouret et me suis penché sur elle.

« Betty ! Betty ! »

Je lui ai touché le bras.

« Betty ! »

Ses yeux se sont ouverts. Ils étaient beaux de nouveau. Un bleu brillant et calme.

« Je savais que ce serait toi », elle a dit.

Et puis elle a refermé les yeux. Ses lèvres étaient sèches. De la salive jaune avait coagulé au coin de sa bouche. J'ai pris un bout de serviette et je l'ai enlevée. Je lui ai nettoyé le visage, les mains, la gorge. J'ai pris une autre serviette et je lui ai pressé un peu d'eau sur la langue. Et puis encore un peu. Je lui ai mouillé les lèvres. Je lui ai remis les cheveux en place. J'entendais les femmes rire à travers le rideau qui nous séparait.

« Betty, Betty, Betty. S'il te plaît, je veux que tu boives un peu d'eau, rien qu'une goutte d'eau, pas trop, juste une goutte. »

Elle a pas réagi. J'ai essayé pendant dix minutes. Rien.

Il s'est encore formé de la bave sur sa bouche. Je l'ai essuyée.

Ensuite je me suis levé et j'ai ouvert le rideau. J'ai fixé les trois femmes.

Je suis sorti et j'ai parlé à l'infirmière au bureau.

« Dites, pourquoi est-ce qu'on ne fait rien pour cette femme au 45-c ? Betty Williams.

— Nous faisons tout ce que nous pouvons, monsieur.

— Mais y a personne là-bas.

— Nous faisons nos rondes régulièrement.

— Mais où sont les docteurs ? Je vois pas de docteurs.

— Le docteur l'a vue, monsieur.

— Pourquoi vous la laissez croupir là-bas ?

— Nous avons fait tout notre possible, monsieur.

— MONSIEUR ! MONSIEUR ! MONSIEUR ! ARRÊTEZ DE ME DONNER DU "MONSIEUR" SI ÇA VOUS FAIT RIEN ! Je parie que si c'était le président ou le gouverneur ou le maire ou un riche fils de pute quelconque il y aurait des docteurs partout dans cette chambre qui feraient *quelque chose* ! Pourquoi vous les laissez juste crever ? C'est un péché que d'être pauvre ?

— Je vous ai déjà dit, monsieur, que nous avions fait TOUT ce que nous pouvions.

— Je reviens dans deux heures.

— Vous êtes son mari ?

— J'ai été son concubin dans le temps.

— Pourrions-nous avoir votre nom et numéro de téléphone ? »

Je lui ai donné ça et je me suis précipité dehors.

10

L'enterrement était prévu pour 10 h 30 du matin mais il faisait déjà chaud. Je portais un costume noir bon marché acheté et retouché à la hâte. C'était mon premier costume neuf depuis des années. J'avais mis la main sur le fils. On roulait dans sa Mercedes-Benz. Je l'avais retrouvé grâce à un bout de papier avec l'adresse de son beau-père dessus. Deux coups de fil longue distance et je le tenais. Le temps qu'il arrive en voiture sa mère était morte. Elle est morte pendant que je téléphonais. Le môme, Larry, ne s'était jamais intégré dans la société. Il avait la manie de voler les voitures de ses amis, mais entre les amis et le juge il arrivait toujours à s'en sortir. Et puis l'armée lui a mis le grappin dessus, et d'une manière ou d'une autre il s'est retrouvé dans un cours de perfectionnement et quand il est sorti il s'est trouvé une situation qui payait bien. C'est à ce moment-là qu'il a cessé de voir sa mère, quand il a eu cette belle situation.

« Où est ta sœur ? je lui ai demandé.

— Je sais pas.

— C'est une belle voiture que t'as là. Je peux même pas entendre le moteur. »

Larry a souri. Ça lui faisait plaisir.

On était juste 3 à l'enterrement : le fils, l'amant et la sœur débile de la proprio de l'hôtel. Son nom c'était Marcia. Marcia disait jamais rien. Elle restait juste assise avec ce sourire inepte aux lèvres. Elle avait la peau blanche comme de l'émail. Elle avait une touffe de cheveux jaunes et morts et un chapeau qui ne tenait pas sur sa tête. Marcia avait été envoyée par la taulière à sa place. La taulière devait garder l'hôtel.

Bien entendu, j'avais une très sévère gueule de bois. On s'est arrêtés prendre un café.

Il y avait déjà eu des ennuis avec l'enterrement. Larry s'était engueulé avec le prêtre catholique. Savoir si Betty était une vraie catholique. Le prêtre voulait pas faire le service. Finalement il a été décidé qu'il ferait un demi-service. Enfin, un demi-service c'était mieux que rien du tout.

On a même eu des pépins avec les fleurs. J'avais acheté une couronne de roses, des roses mélangées, et elles avaient été montées sur une couronne. Chez le fleuriste ils avaient passé tout l'après-midi à la faire. La bonne femme chez le fleuriste avait connu Betty. Elles avaient bu des coups ensemble quelques années plus tôt quand Betty et moi avions la maison et le chien. Delsie, qu'elle s'appelait. J'avais toujours voulu me faire Delsie mais j'y étais jamais arrivé.

Delsie m'avait téléphoné. « Hank, qu'est-ce que c'est que ces enfoirés ?

— Quels enfoirés ?

— Ces mecs à la salle mortuaire.

— Qu'est-ce qui se passe ?

— Eh bien, j'ai envoyé le gamin avec le camion pour aller livrer ta couronne et ils ont pas voulu le laisser entrer. Ils ont dit qu'ils étaient fermés. Tu sais, ça fait une sacrée trotte jusqu'à là-bas.

— Ouais, Delsie, et alors ?

— Alors finalement ils ont laissé le gamin mettre les fleurs à l'intérieur mais ils ont pas voulu le laisser les mettre dans le frigo. Alors le gamin a dû les laisser à l'intérieur. Qu'est-ce qu'ils ont, ces connards-là ?

— Je sais pas. Qu'est-ce qu'ils ont tous les connards, partout ?

— Je vais pas pouvoir être à l'enterrement. Ça va, Hank ?

— Pourquoi tu viens pas me consoler ?

— Faudrait que j'amène Paul. »

Paul, c'était son mari.

« Laisse tomber. »

Enfin bon, on était là, on allait à un demi-enterrement.

Larry a levé les yeux de sur son café. « Je t'écrirai pour la pierre tombale, plus tard. En ce moment j'ai plus d'argent.

— D'accord », j'ai dit.

Larry a payé les cafés puis on est sortis et on est montés dans la Mercedes-Benz.

« Attends une seconde, j'ai fait.

— Qu'est-ce qu'y a ? a demandé Larry.

— Je crois qu'on a oublié quelque chose. »

Je suis retourné dans le café.

« Marcia. »

Elle était toujours assise à la table.

« On s'en va maintenant, Marcia. »

Elle s'est levée et m'a suivi dehors.

Le prêtre a lu son laïus. J'ai pas écouté. Il y avait le cercueil. Ce qui avait été Betty était là-dedans. Il faisait très chaud. Le soleil nous tombait dessus comme en une seule plaque jaune. Une mouche tournait en rond. À la moitié de la moitié de service funèbre deux types en bleus de travail sont arrivés en portant ma couronne. Les roses étaient mortes et mourantes dans la chaleur, et ils ont posé le bidule contre un arbre qui était là. Vers la fin du service ma couronne a piqué du nez et est tombée à plat sur la gueule. Personne ne l'a ramassée. Ensuite c'était fini. Je me suis approché du prêtre et lui ai serré la main : « Merci. » Il a souri. Ça en faisait deux à sourire : le prêtre et Marcia.

En revenant, Larry a encore dit :
« Je t'écrirai pour la tombe. »
J'attends toujours sa lettre.

11

Je suis monté au 409, j'ai bu un scotch à l'eau bien tassé, j'ai sorti de l'argent du tiroir du haut, suis redescendu, monté en voiture et j'ai roulé jusqu'au champ de courses. Je suis arrivé là-bas à temps pour la première course mais j'ai pas joué parce que j'avais pas eu le temps de consulter la feuille de pronostics[1].

J'ai été prendre un verre au bar et j'ai vu cette mulâtresse passer près de moi dans ce vieil imperméable. Elle était vraiment fringuée comme l'as de pique mais comme j'étais de la même humeur, j'ai appelé son nom, juste assez fort pour qu'elle entende en passant :

« Vi, baby. »

Elle s'est arrêtée, puis elle s'est amenée.

« Salut, Hank, comment tu vas ? »

Je la connaissais de la poste centrale. Elle s'occupait d'une autre zone, celle près du distributeur à eau, mais elle avait l'air plus sympa que les autres.

« J'ai un bourdon carabiné. Troisième enterrement en deux ans. D'abord ma mère, ensuite mon père. Aujourd'hui c'est une ancienne petite amie. »

1. « Race form » : sorte de programme détaillant toutes les performances passées des chevaux qui vont courir dans la journée ; sont indiqués positions de départ, position à l'entrée de la ligne droite, arrivée, rapports, etc.

Elle a commandé quelque chose. J'ai ouvert *Le Turf*.

« Voyons voir cette deuxième course. »

Elle s'est rapprochée et a pressé beaucoup de jambe et de sein contre moi. Il y avait quelque chose sous cet imperméable. Je cherche toujours l'outsider qui peut battre le favori. Si je trouve que personne peut battre le favori je joue le favori.

J'étais allé aux courses après les deux autres enterrements et j'avais gagné. Il y avait quelque chose dans les enterrements. Ça vous faisait y voir plus clair. Un enterrement par jour et je serais riche.

Le 6 s'était fait avoir d'une encolure par le favori dans une course d'un mile la dernière fois. Le 6 s'était fait remonter par le favori après avoir mené de deux longueurs à l'entrée de la ligne droite. Le 6 avait fait du 35 contre 1. Le favori avait fait du 9/2. Les deux revenaient dans la même classe. Le favori avait deux livres de plus, de 116 à 118. Le 6 restait à 116 mais on lui avait collé un jock moins populaire, et aussi la distance était d'un mile et un 16e. La foule se disait que si le favori avait eu le 6 sur un mile, il l'aurait sûrement avec le 16e de mile à courir en plus. Ça semblait logique. Mais les courses de chevaux ne marchent pas à la logique. Les entraîneurs engagent leurs chevaux dans des conditions qui semblent peu favorables de manière à dissuader le public de mettre son fric sur le cheval. Le changement de distance, plus le jockey moins coté, tout indiquait l'entourloupe. J'ai regardé le tableau. Les pronostics donnaient 5. Le tableau disait 7 contre 1.

« C'est le 6, que j'ai dit à Vi.

— Non, ce cheval-là, c'est un lâcheur, elle a dit.

— Ouais », j'ai dit, et puis je suis allé mettre dix sacs sur le 6, gagnant.

Le 6 a pris la tête dès le départ, s'est collé à la corde au premier tournant, puis sans forcer il a maintenu une longueur et quart d'avance jusqu'à la fin de la première ligne droite. Le peloton suivait. Ils se figuraient que le 6 mènerait dans le tournant puis s'écarterait, et alors là ce serait à eux de jouer. C'était le coup classique. Mais l'entraîneur avait donné des instructions différentes à son gars. À l'entrée du tournant le gars a lâché les rênes et le cheval a foncé. Avant que les autres jocks puissent se donner, le 6 avait quatre longueurs d'avance. À l'entrée de la ligne droite le gars a laissé le 6 souffler légèrement, a regardé derrière lui et l'a laissé repartir. Ça avait l'air dans la poche. Et puis le favori, 9/5, est sorti du peloton et cet enfoiré en mettait un fameux coup. Il boulottait les longueurs, il fonçait. On aurait bien dit qu'il allait foncer sur mon cheval et le laisser sur place. Le favori, c'était le 2. À la mi-ligne droite le 2 était à une demi-longueur du 6, alors le gars sur le 6 a sorti la cravache. Le gars sur le favori marchait *déjà* à la cravache. Ils ont couru le reste de la ligne droite comme ça, à une demi-longueur d'écart, et c'est comme ça aussi qu'ils sont arrivés au poteau. J'ai regardé le tableau. Mon cheval avait grimpé, 8 contre 1.

On est retournés au bar.

« C'est pas le meilleur cheval qui a gagné cette course, a dit Vi.

— Je me fous pas mal de qui est le meilleur.

Tout ce que je veux c'est le gagnant. Qu'est-ce que tu bois ? »

On a commandé.

« D'accord, gros malin. Voyons voir si tu gagnes la prochaine.

— Je te le dis, baby, je suis terrible quand je reviens d'un enterrement. »

Elle a mis cette jambe et ce sein contre moi. J'ai sifflé une goutte de scotch et j'ai ouvert le programme. Troisième course.

J'ai bien examiné le truc. Ils avaient vraiment l'intention de lessiver la foule, ce jour-là. Le « lièvre[1] » venait juste de gagner, alors maintenant la foule n'en avait que pour le « lièvre » et voulait plus entendre parler des sprinters au finish. La foule remonte jamais plus loin qu'une course en arrière dans sa mémoire. Les vingt-cinq minutes d'attente entre les courses y sont pour quelque chose. Ils peuvent penser qu'à ce qui vient de se passer.

La troisième course se courait sur six furlongs[2]. À présent le favori c'était le cheval rapide, le « lièvre ». Il avait perdu d'un poil sa dernière course sur sept furlongs, menant du début jusqu'à la fin de la ligne droite et se faisant coiffer au dernier moment. Le 8 était le plus proche. Il avait fini 3e, une longueur et demie derrière le favori, remontant deux longueurs dans la ligne droite. La foule se disait que si le 8 n'avait pas rattrapé le favori sur

1. En argot turfiste, se dit d'un cheval qui prend la tête dès le départ. Il fait une course plus difficile et sert de « lièvre » pour les autres chevaux d'une même écurie, par exemple.

2. Un furlong fait 1/8 de mile, soit 201 mètres ; mesure utilisée uniquement sur les champs de courses.

sept furlongs, comment diable pouvait-il le rattraper avec un furlong de moins à courir ? La foule rentrait toujours fauchée. Le cheval qui avait gagné la course de sept furlongs n'était pas dans la course ce jour-là.

« C'est le 8, j'ai dit à Vi.

— La distance est trop courte. Il viendra jamais », a dit Vi.

Le 8 faisait du 6 aux pronostics et cotait 9 au tableau.

J'ai touché le blé de la course d'avant, mis dix sacs sur le 8. Si vous pariez trop gros, votre cheval perd. Ou si vous changez d'avis et retirez votre pari. Dix sacs gagnants, c'était un bon petit pari confortable.

Le favori avait l'air bien parti. Il est parti le premier, a pris la corde et s'est détaché de deux longueurs. Le 8 faisait l'extérieur, avant-dernier, se rapprochant petit à petit de la corde. À l'entrée de la ligne droite le favori semblait encore devoir gagner. Le gars a pris le cheval n° 8, qui courait à présent 5e, à l'extérieur, et lui a donné un petit goût de la cravache. Alors le favori a commencé à raccourcir son galop. Il avait fait le premier quart en 22 et 4/5, mais il avait encore deux longueurs d'avance au milieu de la ligne droite. Et puis le 8 s'est tout bonnement envolé, comme le vent, et lui a collé deux longueurs et demie dans la vue. J'ai regardé le tableau. Il indiquait toujours 9 contre 1.

On a regagné le bar. Vi se frottait vraiment contre moi à présent.

J'ai gagné trois des cinq dernières courses. À l'époque ils avaient seulement huit courses par jour, au lieu de neuf. Enfin, ce jour-là huit courses ça suffisait. Je me suis payé deux cigares et on est montés en voiture. Vi avait pris le bus pour venir. Je me suis arrêté prendre une bouteille et on est allés chez moi.

12

Vi a regardé autour d'elle.

« Qu'est-ce qu'un type comme toi fait dans une pareille turne ?

— C'est ce que les filles me demandent toujours.

— C'est un vrai trou à rats.

— Ça m'aide à rester modeste.

— Allons chez moi.

— O.K. »

On est remontés en voiture et elle m'a dit où elle habitait. On s'est arrêtés pour chercher deux gros steaks, des légumes, des trucs pour une salade, des patates, du pain, plus à boire.

Dans l'entrée de son immeuble il y avait un écriteau :

BRUIT OU TAPAGE
DE TOUTE NATURE INTERDITS.
LES POSTES DE T.V.
DOIVENT ÊTRE ÉTEINTS À 10 HEURES.
IL Y A DES GENS QUI TRAVAILLENT, ICI.

C'était un grand écriteau à la peinture rouge.

« J'aime surtout ce passage sur la T.V. », je lui ai dit.

On a pris l'ascenseur. C'est vrai qu'elle avait un bel intérieur. J'ai porté les sacs à la cuisine, trouvé deux verres, en ai versé deux.

« Tu sors les trucs. J'arrive. »

J'ai sorti les trucs, les ai posés sur l'évier. Je me suis servi un autre verre. Vi est revenue. Elle s'était changée. Boucles d'oreilles, hauts talons, jupe courte. Elle avait pas l'air mal du tout. Râblée. Mais un beau cul, et des cuisses, et des seins. Une bonne monte, dure, costaude.

« Bonjour, vous, j'ai fait, je suis un ami de Vi. Elle m'a dit qu'elle revenait tout de suite. Voulez un verre ? »

Elle s'est marrée, puis j'ai empoigné ce grand corps et je l'ai embrassée. Ses lèvres étaient froides comme des diamants mais elles avaient bon goût.

« J'ai faim, qu'elle a dit, lâche-moi que je fasse la cuisine.

— J'ai faim moi aussi. C'est *toi* que je vais brouter ! »

Elle a ri. Je lui ai donné un petit baiser en lui pelotant le cul. Après ça je suis passé dans le salon avec mon verre, je me suis assis, j'ai étiré les jambes en soupirant.

Je pouvais rester ici, que je pensais, faire mon fric aux courses et elle me ferait passer les mauvais moments, me masserait le corps avec des huiles, me ferait la cuisine, me parlerait, irait au lit avec moi. Bien sûr il y aurait toujours des disputes. C'est la nature même de la Femme. Elles aiment le lavage de linge sale, un peu d'engueulade, un peu de drame.

Puis un échange de serments. J'étais pas très fortiche pour les échanges de serments.

Je commençais à avoir ma frite. Dans mon idée je m'étais déjà installé ici.

Vi avait tout sur le feu. Elle s'est pointée avec son verre, s'est assise sur mes genoux, m'a embrassé en mettant sa langue dans ma bouche. Ma pine trinquait contre son cul bien ferme. Je lui ai mis la main. J'ai pressé.

« Je veux te montrer quelque chose, elle a fait.

— Ça je sais bien, mais attendons une heure environ après dîner.

— Oh, c'est pas ça que je voulais dire ! »

Je l'ai rattrapée et lui ai passé une langue.

Elle est descendue de mes genoux.

« Non, je veux te montrer une photo de ma fille. Elle est à Detroit avec ma mère. Mais elle va venir ici cet automne pour aller à l'école.

— Quel âge elle a ?

— 6 ans.

— Et le père ?

— J'ai divorcé de Roy. L'enfoiré valait rien. Tout ce qu'il savait faire c'est picoler et jouer aux courses.

— Oh ? »

Elle est revenue avec la photo, me l'a mise dans la main. J'ai essayé d'y voir quelque chose. Il y avait un arrière-plan sombre.

« Dis donc, Vi, elle est vraiment *noire* ! Nom de Dieu, t'as donc pas assez de jugeote pour prendre ça sur un fond clair ?

— Ça vient de son père. Le noir domine.

— Ouais, ça je vois bien.

— C'est ma mère qui a pris la photo.

— Je suis sûr que t'as une gentille fille.

— Oui, elle est vraiment gentille. »

Vi a reposé la photo et est allée dans la cuisine. L'éternelle photo ! Les bonnes femmes et leurs photos. C'était toujours la même chose, encore et toujours. Vi était sur le pas de la cuisine.

« Bois pas trop, dis ! Tu sais ce qu'on doit faire !

— T'en fais pas, baby, j'aurai quelque chose pour toi. En attendant, amène-moi un verre ! J'ai eu une dure journée. Moitié scotch-moitié eau.

— Sers-toi toi-même, caïd. »

J'ai tourné mon fauteuil et j'ai allumé la télé.

« Si tu veux encore une bonne journée aux courses, poupée, t'as intérêt à amener un verre à M. Le Caïd. Et j'ai bien dit tout de suite ! »

Vi avait finalement parié mon cheval dans la dernière course. C'était un bourrin à 5/1 qu'avait pas couru une course décente en deux ans. Je l'ai parié simplement parce qu'il cotait 5/1 alors qu'il aurait dû faire du 20 contre 1. Le cheval avait gagné par six longueurs sans forcer. Ils avaient traficoté ce bébé des naseaux au trou de balle.

J'ai levé les yeux et il y avait une main qui tenait un verre par-dessus mon épaule.

« Merci, baby.

— Oui, maître », elle a rigolé.

13

Au lit j'avais quelque chose devant moi mais je pouvais rien faire avec. J'ahanais et ahanais comme une baleine. Vi était très patiente. Je continuais à me donner comme un beau diable mais j'avais trop bu.

« Désolé, baby », j'ai fait. Après ça j'ai roulé sur le côté. Et j'ai roupillé. Plus tard quelque chose m'a réveillé. C'était Vi. Elle m'avait ranimé la flamme et me chevauchait.

« Vas-y, baby, vas-y ! » je lui ai dit.

J'arquais le dos de temps en temps. Elle m'a regardé avec des petits yeux gourmands. J'étais en train de me faire violer par une enchanteresse café-au-lait ! Pendant une seconde ça m'a excité.

Ensuite je lui ai dit : « Merde, baby, descends. La journée a été longue et rude. Ça sera mieux la prochaine fois. »

Elle est descendue. Mon truc a piqué du nez comme un ascenseur express.

14

Le matin je l'ai entendue marcher. Elle marchait et marchait et marchait.

Il était à peu près 10 h 30 du matin. Je tenais ma muflée. Je voulais pas la voir. Encore quinze minutes. Après ça je me lèverais.

Elle m'a secoué. « Dis, je veux que tu te casses avant que ma copine se pointe !

— Et alors ? Je la baiserai aussi.

— Ouais, elle a rigolé, parlons-en. »

Je me suis levé. J'ai toussé. Je me suis étranglé. Je me suis laborieusement fringué.

« À cause de toi je me sens comme une lavette, je lui ai dit. Je peux pas être *si* mauvais que ça ! Il doit bien y avoir quelque chose de bon en moi. »

J'ai fini par m'habiller. J'ai été dans la salle de bains me passer un coup d'eau sur la figure et me peigner. Si seulement je pouvais repeigner cette gueule, que je pensais, mais je peux pas.

Je suis sorti.

« Vi.

— Oui ?

— Sois pas trop en rogne. C'était pas toi. C'était la gnôle. C'est déjà arrivé.

— Eh bien alors t'as qu'à pas boire autant. Aucune femme n'aime passer seulement après la bouteille.

— Pourquoi tu me joues pas placé, alors ?

— Oh, arrête ça !

— Dis, t'as besoin d'argent, bébé ? »

J'ai pris mon portefeuille et j'ai sorti un billet de vingt. Je le lui ai tendu.

« C'est vrai que t'es gentil ! »

Sa main a touché ma joue, elle m'a embrassé sur le côté de la bouche.

« Conduis prudemment.

— Sûr, bébé. »

J'ai conduit prudemment directement jusqu'au champ de courses.

15

Ils m'ont coincé dans le bureau du conseiller dans une des pièces du fond au premier étage.

« Voyons voir quelle mine vous avez, Chinaski ? »

Il m'a regardé.

« Oh ! Vous avez mauvaise mine. Vaut mieux que je prenne un cachet. »

Sans blague, il a ouvert un flacon et en a pris un.

« Bon, très bien, monsieur Chinaski, nous aimerions bien savoir où vous étiez passé ces deux derniers jours ?

— Un deuil.

— Un deuil ?

— Enterrement. Vieille amie. Un jour pour emballer le macchabée. Un jour pour pleurer.

— Mais vous n'avez pas téléphoné pour prévenir, monsieur Chinaski ?

— Ouais.

— Et je veux vous dire quelque chose, entre nous, Chinaski.

— Bon.

— Quand vous ne téléphonez pas, vous savez ce que ça veut dire ?

— Non.

— Monsieur Chinaski, ça revient à dire, “que la Poste aille se faire enculer !”

— Non ?

— Et, monsieur Chinaski, savez-vous ce que ça veut dire ?

— Non, qu'est-ce que ça veut dire ?

— Ça veut dire, monsieur Chinaski, que la Poste va vous enculer, vous ! »

Après ça il s'est adossé et m'a regardé.

« Monsieur Feathers, je lui ai dit, vous pouvez aller au diable.

— Me parlez pas sur ce ton, Henry. Je peux vous attirer des ennuis.

— Je vous prierai de vous adresser à moi par mon nom de famille, monsieur. Tout ce que je demande, c'est un peu de respect de votre part.

— Vous me demandez du respect mais…

— C'est ça. On sait où vous vous garez, monsieur Feathers.

— Hein ? C'est une menace ?

— Les Noirs m'ont à la bonne ici, Feathers. Je les ai mis dans ma poche.

— Les Noirs vous ont à la bonne ?

— Ils me donnent à boire. Je baise même leurs femmes. Enfin, j'essaye.

— Ça suffit. Ça dépasse les bornes. Je vous prie de retourner à votre travail. »

Il m'a tendu ma feuille d'absence. Il était inquiet, le pauvre bougre. J'avais pas mis les Noirs dans ma poche. J'avais trompé personne sauf Feathers. Mais on pouvait pas lui reprocher de s'en faire un peu. Un surveillant avait été poussé du haut d'un escalier. Un autre s'était fait taillader en travers des miches. Un autre avait pris un coup de surin dans le ventre alors qu'il attendait sur le passage clouté que le feu passe au vert, à 3 heures du matin. Juste en face de la poste principale. On ne l'avait jamais revu.

Feathers, peu de temps après que je lui ai parlé, s'est fait muter du bureau principal. Je sais pas exactement où il est allé. Mais c'est ailleurs qu'au bureau principal.

16

Un matin vers 10 heures le téléphone a sonné. « Monsieur Chinaski ? »

J'ai reconnu la voix et je me suis mis à me tripatouiller.

« Ummmmm », j'ai fait.

C'était Mlle Graves, cette salope.

« Vous dormiez ?

— Oui, oui, mademoiselle Graves, mais allez-y. C'est pas grave. C'est pas grave.

— Eh bien, vous êtes blanchi.

— Ummmmmm, Ummmmm.

— Et donc nous avons prévenu la salle de tri.

— Ummmhmmm.

— Et vous êtes inscrit pour tenter votre CP1 dans deux semaines.

— Hein ? Non, attendez une minute…

— C'est tout, monsieur Chinaski. Bonne journée. »

Elle a raccroché.

17

Enfin, j'ai pris les grilles de tri et j'ai tout ramené au sexe et à l'âge. Ce type vivait dans cette maison avec trois femmes. Il en dérouillait une à coups de ceinture (le nom de la poule c'était le nom de la rue et son âge le numéro de zone) ; à l'autre il bouffait la moule (même chose) et il tringlait simplement la troisième à la missionnaire (même chose). Il y avait tous ces pédés et l'un d'eux (son nom c'était Manfred Ave) avait 33 ans..., etc. etc.

Je suis sûr qu'ils ne m'auraient pas laissé entrer dans leur cage en verre s'ils avaient su à quoi je pensais en regardant toutes ces fiches. Elles étaient toutes de vieilles connaissances, pour moi.

Pourtant, je me suis gouré dans certaines de mes orgies. La première fois j'ai fait 94.

Dix jours après, quand je suis revenu, je savais qui faisait quoi à qui.

J'ai fait 100 % en cinq minutes.

Et j'ai reçu une lettre de félicitations du receveur principal.

18

Peu de temps après ça, je suis passé titulaire et ça me donnait de ne faire que huit heures par nuit, ce qui était mieux que douze, et les congés payés. Des cent cinquante ou deux cents du départ, on était plus que deux.

Et puis j'ai rencontré David Janko à la Poste. C'était un jeune Blanc d'une vingtaine d'années. J'avais fait l'erreur de lui parler, une histoire de musique classique. Il se trouvait que j'étais très calé en musique classique à l'époque parce que c'était la seule chose que je pouvais écouter en buvant ma bière dans mon lit au petit matin. Si vous écoutez tous les matins, vous êtes forcé de retenir des trucs. Et quand Joyce m'avait quitté j'avais emporté par erreur deux volumes des *Vies des compositeurs classiques et modernes* dans une de mes valises. La plupart de ces hommes étaient si torturés que je prenais plaisir à lire sur eux, en pensant, eh bien, je suis en enfer moi aussi et je suis même pas foutu d'écrire de la musique.

Mais j'avais ouvert la bouche. Janko et un autre type étaient en train de se chamailler et je les ai mis d'accord en leur donnant la date de naissance de Beethoven, quand est-ce qu'il avait écrit la *3e Symphonie*, et une idée générale (sinon confuse) de ce que les critiques disaient de la *3e*.

Janko s'en est pas remis. Il m'a immédiatement pris, à tort, pour un homme cultivé. Assis sur le tabouret juste à côté de moi il s'est mis à se plaindre et à déconner, nuit après nuit, sur la misère enfouie profond dans son âme tordue et aigrie. Il parlait terriblement fort et il voulait que tout le monde l'entende. Je faisais voler les lettres dans les cases et j'écoutais, j'écoutais, j'écoutais en me disant qu'est-ce que je vais bien pouvoir faire maintenant ? Comment je vais lui faire fermer sa gueule à ce pauvre salopard toqué ?

Toutes les nuits je rentrais chez moi malade et avec le tournis. Il me tuait rien qu'au son de sa voix.

19

Je commençais le soir, à 6 h 18 et Dave Janko ne commençait pas avant 10 h 36, alors ça aurait pu être pire. Comme j'avais un casse-croûte de trente minutes à 10 h 06, j'étais généralement de retour quand il arrivait. Il s'amenait, cherchant un tabouret à côté de moi. Janko, en plus de jouer les grands esprits, jouait aussi les grands amoureux. D'après lui, il se faisait coincer dans les couloirs par des femmes jeunes et belles, elles le poursuivaient jusque dans la rue. Elles ne lui laissaient aucun répit, pauvre bougre. Mais je ne le voyais jamais causer à une femme au boulot, ni elles à lui.

Il se pointait : « HEY, HANK ! MON VIEUX, ON M'A TAILLÉ UNE DE CES PIPES AUJOURD'HUI ! »

Il parlait pas, il hurlait. Il hurlait à longueur de nuit.

« NOM DE DIEU, ELLE M'A VRAIMENT TOUT BROUTÉ ! ET JEUNE, AVEC ÇA ! MAIS C'ÉTAIT VRAIMENT UNE PRO ! »

J'allumais une cigarette.

Après ça fallait se farcir toute l'histoire, comment il l'avait rencontrée…

« FALLAIT QUE JE SORTE CHERCHER DU PAIN, TU VOIS ? »

Ensuite – dans les moindres détails – ce qu'elle avait dit, ce qu'il avait dit, ce qu'ils avaient fait, etc.

À cette époque, une loi est passée forçant la Poste à payer les auxiliaires une fois et demie pour les heures sup. Alors la Poste a réparti les heures sup sur les titulaires.

Huit ou dix minutes avant l'heure où je quittais d'habitude, à 2 h 48, l'intercom beuglait :

« Votre attention, s'il vous plaît ! Tous les titulaires ayant commencé à 6 h 18 sont priés de travailler une heure en supplément ! »

Janko souriait, se penchait en avant et me pompait un peu plus de poison.

Ensuite, huit minutes avant que ma neuvième heure ne soit terminée, l'intercom retentissait encore.

« Votre attention, s'il vous plaît ! Tous les titulaires ayant commencé à 6 h 18 sont priés de faire deux heures supplémentaires ! »

Et puis huit minutes avant ma dixième heure :

« Votre attention, s'il vous plaît ! Tous les titulaires ayant commencé à 6 h 18 sont priés de faire trois heures supplémentaires ! »

Pendant ce temps-là Janko arrêtait pas.

« J'ÉTAIS ASSIS DANS CE DRUGSTORE, TU SAISIS. VOILÀ DEUX SUPERBES POULES QUI ENTRENT. ELLES S'ASSOIENT DE CHAQUE CÔTÉ DE MOI... »

Le gars me tuait à petit feu mais j'arrivais pas à trouver le moyen de m'en sortir. Je me souvenais de toutes les places où j'avais travaillé. Chaque fois, le toqué était pour ma pomme. Je leur plaisais.

Et puis une fois Janko m'a mis son roman dans les pattes. Il savait pas taper et il avait fait taper le truc par une professionnelle. Ça tenait dans une couverture fantaisie en cuir noir. Le titre était très romantique.

« TU ME DIRAS CE QUE T'EN PENSES, qu'il m'a dit.

— Ouais », j'ai dit.

20

J'ai emmené ça à la maison, ouvert une bière, me suis mis au lit et j'ai commencé.

Ça commençait pas mal. Ça racontait comment Janko avait vécu dans des petites piaules et crevé la dalle en essayant de trouver du boulot. Il s'entendait pas bien avec les agences pour l'emploi. Et il avait rencontré un type dans un bar – il avait l'air du genre très cultivé – mais son pote arrêtait pas de lui emprunter de l'argent, qu'il ne lui rendait jamais.

C'était du boulot honnête.

Peut-être que j'ai mal jugé le mec, j'ai pensé.

J'avais de l'espoir pour lui tout en lisant. Et puis le roman s'est barré en couille. Pour une raison ou pour une autre, dès qu'il s'est mis à écrire sur la Poste, le truc a perdu sa réalité.

Le roman allait de pire en pire. Ça se terminait avec lui à l'opéra. C'était l'entracte. Il avait quitté sa place pour s'éloigner de la foule stupide et mal dégrossie. Là, j'étais de son côté. Et puis en contournant un pilier, c'est arrivé. C'est arrivé très vite. Il est rentré en plein dans cette jolie chose, cultivée, délicate. Il l'a presque foutue par terre.

Le dialogue donnait ceci :

« Oh ! Je suis *vraiment* désolé !

— Ce n'est rien du tout…

— Je ne voulais pas… vous savez… Je suis désolé !

— Oh, je vous assure, ce n'est rien !

— Mais je veux dire, je ne vous ai pas vue… Je ne voulais pas…

— Ce n'est rien. Ce n'est rien du tout… »

Le dialogue sur la bousculade continuait comme ça sur une page et demie.

Le pauvre gars était vraiment atteint.

Il se trouve que cette poule, bien qu'elle se balade toute seule au milieu des piliers, eh bien en réalité elle est mariée à ce docteur, mais le toubib comprend rien à l'opéra, il déteste même des choses aussi simples que le *Boléro* de Ravel. Ou même la *Danse du Tricorne* de De Falla. Là, j'étais de son côté.

De l'entrechoc de ces deux véritables âmes sensibles, quelque chose a grandi. Ils se rencontraient aux concerts et après tiraient un coup vite fait. (Ça c'était *implicite* plutôt que déclaré, parce que tous les deux étaient bien trop délicats pour simplement *baiser.*)

Bref, c'était la fin. La pauvre ravissante créature aimait son mari et elle aimait le héros (Janko). Elle savait pas quoi faire, alors naturellement elle s'est suicidée. Elle a laissé le toubib et Janko plantés dans leur salle de bains respective, tout seuls.

J'ai dit au môme : « Ça démarre bien. Mais faudra que tu coupes ce dialogue, là où ils se cognent-autour-du-pilier. C'est très mauvais…

— NON ! qu'il a dit, TOUT RESTE ! »

Les mois ont passé et le roman était toujours renvoyé.

« PUTAIN ! qu'il disait, JE PEUX TOUT DE MÊME PAS ALLER À NEW YORK SERRER LA MAIN DES ÉDITEURS !

— Écoute, môme, pourquoi tu plaques pas ce boulot ? Installe-toi dans une petite piaule et écris. Viens-en à bout.

— UN TYPE COMME TOI PEUT FAIRE ÇA, il m'a dit, PARCE QUE T'AS L'AIR D'UN POCHARD. LES GENS T'EMBAUCHERONT PARCE QU'ILS SE FIGURENT QUE TU PEUX PAS TROUVER DE BOULOT NULLE PART ALORS TU RESTERAS. ILS ME PRENDRONT PAS PARCE QU'ILS VONT ME REGARDER ET VOIR QUE JE SUIS INTELLIGENT ET ILS SE DIRONT, UN HOMME INTELLIGENT COMME LUI NE RESTERA PAS CHEZ NOUS, ALORS C'EST PAS LA PEINE DE L'EMBAUCHER.

— Je maintiens, va dans une petite piaule et écris.

— MAIS J'AI BESOIN D'ASSURANCE !

— C'est heureux que d'autres n'aient pas pensé comme toi. C'est heureux que Van Gogh n'ait pas raisonné comme ça.

— VAN GOGH, SON FRÈRE LUI DONNAIT DES PEINTURES À L'ŒIL ! » m'a fait le môme.

QUATRIÈME PARTIE

1

Après ça j'ai développé un nouveau système aux courses. J'ai ramassé $3 000 en un mois et demi, tout en n'allant à l'hippodrome que deux ou trois fois la semaine. J'ai commencé à rêver. Je voyais une petite maison au bord de la mer. Je me voyais bien sapé, calme, me lever le matin, monter dans ma voiture importée, rouler doucement et aisément jusqu'au champ de courses. Je voyais des dîners relax avec des steaks, précédés et suivis d'apéros bien frappés dans des verres de couleur. Le gros pourboire. Le cigare. Et des femmes comme vous les vouliez. C'est facile de se laisser aller à ce genre de raisonnement quand on vous allonge de grosses coupures au guichet du caissier. Quand en une seule course de six furlongs, disons en une minute et neuf secondes, vous vous faites un mois de salaire.

Alors j'étais là dans le bureau du chef du personnel. Il était derrière son bureau. J'avais le cigare au bec et l'haleine qui sentait le bourbon. Je me sentais plein aux as. J'avais l'air plein aux as.

« Monsieur Winters, j'ai dit comme ça, les services postaux m'ont bien traité. Mais j'ai des affaires en dehors et des intérêts dont je dois absolument m'occuper. Si vous ne pouvez pas m'accorder un congé sans solde je devrai démissionner.

— Je ne vous ai pas accordé un congé sans solde en début d'année, Chinaski ?

— Non, monsieur Winters, vous avez refusé ma demande de congé sans solde. Cette fois-ci il ne peut plus y avoir de refus. Ou alors je démissionne.

— C'est bon, remplissez la demande et je la signerai. Mais je ne peux vous accorder que quatre-vingt-dix jours.

— Je les prends », j'ai dit, en soufflant une longue traînée de fumée bleue de mon coûteux cigare.

2

Les courses se passaient à présent cent miles plus bas le long de la côte. Je continuais à payer le loyer de mon appartement, prenais ma voiture et descendais là-bas. Une ou deux fois par semaine je retournais à l'appartement, prenais mon courrier, passais parfois la nuit, ensuite je repartais là-bas en voiture.

C'était la bonne vie, et j'ai commencé à gagner. Tous les soirs après la dernière course je prenais un verre ou deux, peinard au bar, en allongeant de bons pourboires au barman. On aurait dit une nouvelle vie. Tout me réussissait.

Un soir j'ai même pas regardé la dernière course. Je suis allé au bar.

$50 gagnant, c'était mon pari moyen. À force de

parier 50 sacs gagnant ça fait le même effet que de parier 5 ou 10 gagnant.

« Un scotch à l'eau, j'ai dit au barman. Je crois bien que je vais écouter celle-ci sur le haut-parleur.

— Qui vous avez ?

— Bas-Bleu, je lui ai dit. 50 gagnant.

— Trop de poids.

— Vous rigolez ou quoi ? Un bon cheval peut encaisser 122 livres dans un prix à réclamer de six mille dollars. Ce qui veut dire que, selon les conditions, le cheval a fait quelque chose qu'aucun cheval dans cette course n'a fait. »

Évidemment c'était pas du tout pour cette raison que j'avais parié sur Bas-Bleu. Je donnais toujours des tuyaux à la manque. Je voulais personne à bord.

À l'époque ils avaient pas de circuit de T.V. fermé. Vous écoutiez l'annonceur. Je m'étais déjà fait $380. Si je perdais la dernière course ça me laissait $330 de bénef. Du bon boulot.

On a écouté. L'annonceur parlait de tous les chevaux dans la course sauf de Bas-Bleu.

Mon bourrin a dû tomber, j'ai pensé.

Ils étaient dans la ligne droite, ils arrivaient vers le poteau. Ce champ de courses était fameux pour sa courte ligne droite.

Et puis juste avant que la course se termine l'annonceur s'est mis à crier : « ET VOICI BAS-BLEU QUI ARRIVE À L'EXTÉRIEUR ! BAS-BLEU REMONTE ! C'EST… BAS-BLEU ! »

« Excusez-moi, j'ai dit au barman, je reviens tout de suite. Donnez-moi un scotch à l'eau, un double.

— Tout de suite, monsieur ! »

Je suis allé derrière, là où ils ont un petit tableau d'affichage près du pesage. Bas-Bleu faisait 9/2. Évidemment c'était pas du 8 ou du 10 contre 1. Mais c'était le cheval qu'on pouvait choisir, pas le rapport. J'empochais quand même les $250 et des poussières de bénef. J'ai regagné le bar.

« Qui est-ce que vous aimez bien pour demain, monsieur ? a demandé le barman.

— Demain est encore très loin », je lui ai dit.

J'ai fini mon verre, lui ai laissé un dollar de pourliche et je me suis cassé.

3

Tous les soirs c'était à peu près la même chose. Je roulais le long de la côte pour trouver un endroit où dîner. Je voulais un endroit cher où il n'y ait pas trop de monde. J'ai fini par avoir du nez pour dénicher ce genre d'endroits. Je les repérais rien qu'en les regardant de l'extérieur. Vous ne pouviez pas toujours avoir une table donnant directement sur l'océan à moins de bien vouloir attendre. Mais vous pouviez quand même voir l'océan tout là-bas, et la lune, et vous laisser devenir romantique. Vous laisser jouir de la vie. Je commandais toujours une petite salade et un grand steak. Les serveuses souriaient délicieusement et se tenaient très près de vous. J'avais fait du chemin, pour un gars qui avait travaillé dans les abattoirs, qui avait traversé le pays avec une équipe de poseurs de rails de chemin de fer, qui avait travaillé dans une fabrique de biscuits pour chiens, dormi sur des bancs de square, qui s'était fagoté tous les boulots merdiques dans une douzaine de villes aux quatre coins du pays.

Après dîner je cherchais un motel. Pour ça aussi, fallait rouler un peu. D'abord je m'arrêtais prendre du bourbon et de la bière. J'évitais les endroits avec la télé. C'étaient des draps propres, une douche chaude, le luxe. C'était la vie magique. Et je ne m'en fatiguais pas.

4

Un jour j'étais au bar entre deux courses et j'ai vu cette femme. Dieu ou quelqu'un d'autre n'arrête pas de créer des bonnes femmes et de les jeter dans les rues, et celle-là a le cul trop gros et celle-ci a les nibards trop petits et cette autre est cinglée et cette autre a de la religion et celle-là encore lit dans les feuilles de thé et celle-là arrête pas de péter et celle-ci a ce gros tarin, et cette autre a les jambes cagneuses…

Mais de temps en temps une femme s'amène, en pleine fleur, une femme qui fait carrément péter sa robe… une créature sexuelle, une calamité, la fin de tout. J'ai levé les yeux et elle était là, tout au bout du bar. Elle tenait sa caisse et le barman ne voulait plus la servir et elle a commencé à rouspéter et ils ont appelé un des flics maison et le flic maison la tenait par le bras en l'emmenant, et ils discutaient.

J'ai éclusé mon verre et je les ai suivis.

« Monsieur l'agent ! Monsieur l'agent ! »

Il s'est arrêté et m'a regardé.

« Est-ce que ma femme a fait quelque chose de mal ? j'ai demandé.

— Nous avons toute raison de croire qu'elle est en état d'ébriété, monsieur. J'allais l'escorter jusqu'à la porte.

— La porte de départ ? »

Il s'est marré. « Non, monsieur, la porte de sortie.

— Je m'en charge, monsieur l'agent.

— Très bien, monsieur. Mais veillez à ce qu'elle ne boive plus. »

J'ai pas répondu. Je l'ai prise par le bras et l'ai reconduite à l'intérieur.

« Dieu merci, vous m'avez sauvé la vie », elle m'a dit.

Son flanc s'est heurté contre moi.

« C'est rien du tout. Je m'appelle Hank.

— Moi c'est Mary Lou, elle a fait.

— Mary Lou, j'ai dit, I love you. »

Elle a ri.

« Au fait, vous ne vous cachez pas derrière des piliers à l'opéra, des fois ?

— Je me cache derrière rien, qu'elle a dit en faisant ressortir ses seins.

— Tu veux un autre verre ?

— Sûr, mais il voudra jamais me servir.

— Y a plus d'un seul bar sur ce champ de courses, Mary Lou. Grimpons là-haut. Et reste tranquille. Reste là et je t'amène ton verre. Qu'est-ce que tu bois ?

— N'importe quoi, elle a dit.

— Scotch à l'eau, ça va ?

— Sûr. »

On a bu le restant de la journée. Elle m'a porté chance. J'ai touché deux des trois dernières.

« T'es venue en voiture ? je lui ai demandé.

— Je suis venue avec cette espèce d'idiot, elle a dit, oublie-le.

— Si tu peux, je peux aussi », je lui ai dit.

On s'est mélangés dans la voiture et sa langue dardait dans ma bouche et en ressortait comme un minuscule serpent égaré. On s'est démêlés et j'ai conduit en descendant le long de la côte. C'était une nuit à chance. J'ai obtenu une table donnant sur l'océan et on a commandé à boire en attendant les steaks. Tout le monde dans la boîte la regardait. Je me suis penché et j'ai allumé sa cigarette en pensant, celle-là, ça va en être une bonne. Tout le monde dans la boîte savait à quoi je pensais et Mary Lou savait à quoi je pensais, et je lui ai souri au-dessus de la flamme.

« L'océan, j'ai dit, regarde-le là-bas qui déferle, qui rampe, qui monte et qui descend. Et en dessous de tout ça, les poissons, les pauvres poissons qui se bagarrent entre eux, qui se bouffent entre eux. On est comme ces poissons, seulement on est ici en haut. Un faux mouvement et t'es cuite. C'est bath d'être un champion. C'est bien de savoir quels coups on va jouer. »

J'ai sorti un cigare et je l'ai allumé.

« N'autre verre, Mary Lou ?

— D'accord, Hank. »

5

Il y avait cet hôtel. Il surplombait la mer. Il était construit au-dessus de la mer. Un vieil hôtel, mais de la classe. On a pris une chambre au rez-de-chaussée.

On pouvait entendre l'océan courir là-bas, on pouvait entendre les vagues, on pouvait *sentir* l'océan, on pouvait sentir la marée monter et descendre.

J'ai pris mon temps avec elle ; on a parlé et on a bu. Ensuite je suis allé sur le canapé et je me suis assis à côté d'elle. On a fait marcher la sauce tout en rigolant et en causant et en écoutant l'océan. Je me suis défringué mais je lui ai fait garder ses vêtements. Ensuite je l'ai portée sur le lit et tout en me frottant partout sur elle je lui ai finalement enlevé ses frusques et je suis entré. J'ai eu du mal pour entrer. Ensuite elle a laissé passer.

J'ai rarement eu mieux. J'entendais l'eau, j'entendais la marée monter et descendre. C'était comme si j'avais moussé avec tout l'océan. Ça semblait durer et durer. Après ça j'ai roulé sur le côté.

« Oh, nom de Dieu, j'ai dit, oh, nom de Dieu ! »

Je sais pas comment le Bon Dieu vient toujours se fourrer dans ce genre de trucs.

6

Le lendemain on est allés chercher des affaires à elle dans ce motel. Dedans il y avait un petit mec basané, avec une verrue sur un côté du nez. L'air dangereux.

« Tu pars avec lui ? il a demandé à Mary Lou.

— Oui.

— Bon. Bonne chance. » Il a allumé une cigarette.

« Merci, Hector. »

Hector ? Parlez d'un foutu nom…

« Une bière ? il m'a demandé.

— Sûr », j'ai dit.

Hector était assis au bord du lit. Il est passé dans la cuisine et nous a ramené trois bières. C'était de la bonne bière, importée d'Allemagne. Il a ouvert la bouteille de Mary Lou, en a versé un peu dans un verre pour elle. Ensuite il m'a demandé :

« Un verre ?

— Non, merci. »

Je me suis levé et il m'a passé la bouteille.

On est restés à boire la bière en silence.

Puis il a dit : « T'as assez de couilles au ventre pour me la faucher ?

— Merde, j'en sais rien. C'est à elle de choisir. Si elle veut rester avec toi, elle reste. Pourquoi tu lui demandes pas à elle ?

— Mary Lou, tu restes avec moi ?

— Non, elle a fait, je pars avec lui. »

Elle m'a montré. Je me sentais important. Je m'étais fait faucher tellement de femmes par tellement de types que ça faisait du bien de voir le manège marcher en sens inverse. J'ai allumé un cigare. Ensuite j'ai cherché un cendrier. J'en ai vu un sur la commode.

Il se trouve que j'étais juste en train de regarder dans le miroir pour voir quelle gueule de bois j'avais et je l'ai vu venir sur moi comme une fléchette sur une cible. J'avais toujours la bouteille de bière à la main. J'ai fait volte-face et il s'est amené en plein dessus. Je l'ai chopé à la bouche. Sa bouche n'était plus que sang et dents cassées. Hector est tombé sur les genoux en criant, se tenant la bouche à deux mains. J'ai vu le surin. J'ai éloigné le stylet d'un coup de pied, l'ai ramassé, l'ai examiné. 9 pouces[1]. J'ai pressé le bouton et la lame est rentrée. J'ai mis le truc dans ma poche.

Alors comme Hector était en train de crier, je me suis approché et lui ai flanqué un grand coup de latte dans le cul. Il s'est étalé par terre de tout son long, en pleurant toujours. Je suis retourné à ma place et j'ai pris une lampée de sa bière.

Ensuite j'ai été gifler Mary Lou. Elle s'est mise à hurler.

« Salope ! T'avais arrangé ça, hein ? T'aurais laissé ce singe me trucider pour les quatre ou cinq cents sacs qui sont dans mon portefeuille !

— Non, non ! » qu'elle disait. Elle chialait. Ils chialaient tous les deux.

Je l'ai giflée encore une fois.

« C'est comme ça que tu gagnes ta vie, sale conne ? En tuant des hommes pour un ou deux cents malheureux biffetons ?

— Non, non, JE T'AIME, Hank, je t'AIME ! »

Je l'ai empoignée par le col de sa robe bleue et j'ai arraché tout un côté jusqu'à la taille. Elle portait pas de soutien-gorge. Elle en avait pas besoin, la garce.

Je me suis cassé, suis sorti et me suis mis à rouler vers le champ de courses. Pendant deux ou trois semaines j'ai regardé par-dessus mon épaule. J'étais nerveux. Il ne s'est rien passé. J'ai jamais revu Mary Lou aux courses. Ni Hector.

1. = 28 cm.

7

Je sais pas comment, mais après ça l'argent a filé vite et bientôt j'ai laissé tomber les courses et je suis resté à glander dans mon appartement à attendre que mon congé de quatre-vingt-dix jours se termine. J'avais les nerfs à cran à cause de la picole et de l'action. C'est pas nouveau, cette façon qu'ont les femmes de se jeter sur un homme. Vous croyez que vous avez de la place pour respirer un coup, et puis vous levez les yeux et il y en a encore une autre. Quelques jours après la reprise du travail il y en a eu une autre. Fay. Fay avait les cheveux gris et s'habillait toujours en noir. Elle disait que c'était pour protester contre la guerre. Mais si Fay voulait protester contre la guerre, j'avais rien contre. C'était une sorte d'écrivain et elle allait à deux ateliers d'écrivains. Elle s'était mis dans l'idée de sauver le monde. Si elle pouvait le sauver à ma place, j'étais pas contre non plus. Elle avait vécu de ses chèques de pension alimentaire qu'elle recevait d'un ancien mari – ils avaient eu 3 enfants – et sa mère aussi envoyait du fric de temps en temps. Fay n'avait pas eu plus d'un ou deux jobs de toute sa vie.

Pendant ce temps-là, Janko avait fait de nouvelles provisions de conneries. À cause de lui je rentrais chez moi avec un mal de crâne. À cette époque je récoltais de nombreuses contraventions. C'était comme si chaque fois que je regardais dans le rétro il y avait un ver luisant rouge. Une voiture de patrouille ou une moto.

Une nuit je suis arrivé tard chez moi. J'étais réellement crevé. C'est tout juste si je pouvais sortir la clé et la mettre dans la serrure. Je suis entré dans la chambre et il y avait Fay en train de lire le *New Yorker* en mangeant des chocolats. Elle a même pas dit bonjour.

Je suis passé dans la cuisine et j'ai cherché quelque chose à manger. Il n'y avait rien dans le frigo. Je me suis rabattu sur un verre d'eau. J'ai été jusqu'à l'évier. Il était bouché par des ordures. Fay aimait bien garder les bocaux et les couvercles de bocaux. La vaisselle sale emplissait à moitié l'évier et à la surface de l'eau flottaient ces bocaux et ces couvercles de bocaux, avec quelques assiettes en carton en prime.

J'ai regagné la chambre juste au moment où Fay se mettait un chocolat dans la bouche.

« Écoute, Fay, j'ai dit, je sais bien que tu veux sauver le monde. Mais tu pourrais pas commencer dans la cuisine ?

— Les cuisines, c'est pas important », elle a dit.

C'est difficile de frapper une femme à cheveux gris, alors je me suis contenté d'aller dans la salle de bains et de laisser couler l'eau dans la baignoire. Un bain brûlant pourrait peut-être me calmer les nerfs. Une fois la baignoire pleine j'ai eu peur de m'y mettre. Mon corps tout courbaturé, entre-temps, s'était tellement raidi que j'avais peur de me noyer là-dedans.

J'ai été dans le salon et après un effort j'ai réussi à m'extirper de ma chemise, de mon pantalon, chaussures, chaussettes. Je suis entré dans la chambre et suis monté dans le lit à côté de Fay. Je savais pas comment me mettre. Chaque fois que je bougeais je dérouillais.

Le seul moment où tu es seul, Chinaski, je pensais, c'est quand tu conduis au boulot et quand tu en reviens.

Je me suis finalement installé sur le ventre. J'avais mal partout. Bientôt j'allais être de retour au boulot. Si j'arrivais à dormir ça aiderait un peu. De temps en temps j'entendais une page tourner, le son d'un chocolat qu'on mangeait. Ça avait été un de ses soirs d'atelier d'écrivains. Si seulement elle avait pu fermer la lumière.

« Comment c'était, l'atelier ? que j'ai demandé, toujours sur le ventre.

— Je me fais du souci pour Robby.

— Oh, j'ai dit, qu'est-ce qu'y a qui va pas ? »

Robby était un type allant sur la quarantaine qui avait vécu toute sa vie avec sa mère. Tout ce qu'il écrivait, à ce qu'on me disait, c'était des histoires terriblement drôles sur l'Église catholique. Fallait voir ce que Robby leur mettait, aux catholiques. Les magazines étaient vraiment pas prêts pour Robby, bien qu'il ait été publié une fois dans une revue canadienne. J'avais vu Robby une fois, quand j'étais de repos. J'avais conduit Fay à la villa où ils se lisaient tous leurs trucs les uns aux autres. « Oh, voilà Robby ! m'avait dit Fay, il écrit ces histoires très marrantes sur l'Église catholique ! »

Elle l'avait montré. Robby nous tournait le dos. Il avait le cul large, gros et mou ; ça pendait dans son falze. Ils sont même pas foutus de voir ça ? je me disais :

« Tu veux pas entrer ? avait demandé Fay.

— Peut-être la semaine prochaine… »

Fay a mis un autre chocolat dans sa bouche.

« Robby se fait des cheveux. Il a perdu son job de livreur. Il dit qu'il peut pas écrire sans un job. Il a besoin de sécurité. Il dit qu'il pourra pas écrire jusqu'à ce qu'il trouve un autre job.

— Oh, si c'est ça, j'ai dit, je peux lui trouver un autre boulot.

— Où ça ? Comment ?

— Ils embauchent autant comme autant à la Poste. Ça paye pas mal.

— À LA POSTE ! ROBBY EST BIEN TROP SENSIBLE POUR TRAVAILLER À LA POSTE !

— Excuse-moi, j'ai dit, je croyais que ça valait le coup d'essayer. Bonne nuit. »

Fay ne m'a pas répondu. Elle était en rogne.

8

Je ne travaillais pas les vendredi et samedi, ce qui rendait le dimanche le jour le plus pénible. Ajoutez à ça qu'ils me faisaient arriver à 3 h 30 de l'après-midi au lieu de mes 6 h 18 habituelles.

Ce dimanche-là, j'y suis allé et ils m'ont collé aux journaux, comme d'habitude le dimanche, et ça signifiait *au moins* huit heures sur mes cannes.

En plus des douleurs, je commençais à souffrir de vertiges. Tout se mettait à tourner, j'étais très près de tomber dans les gades, et puis je me reprenais.

Ç'avait été un dimanche brutal. Des amis à Fay étaient venus s'asseoir sur le canapé et gazouiller, comme quoi ils étaient vraiment de grands écrivains, vraiment les meilleurs de tout le pays. La seule raison pour laquelle ils n'étaient pas publiés c'est qu'ils n'envoyaient pas leurs trucs – à ce qu'ils disaient.

Je les avais regardés. S'ils écrivaient comme ils avaient l'air, à boire leur café et glousser et tremper leurs doughnuts, ça faisait rien s'ils envoyaient leurs trucs ou s'ils se les foutaient où je pense.

Je me coltinais les magazines ce dimanche-là. J'avais besoin d'un café, de deux cafés, et de manger un morceau. Mais tous les surveillants étaient par-devant. Je me suis cassé par-derrière. Fallait que je me requinque. La cafétéria était au premier. J'étais au troisième. Il y avait un escalier près des chiottes des hommes. J'ai regardé la pancarte :

ATTENTION !
NE PAS UTILISER
CET ESCALIER !

C'était un attrape-nigaud. J'étais plus malin que tous ces enfoirés. Ils mettaient juste l'écriteau pour empêcher les mecs un peu marles comme Chinaski de descendre à la cafétéria. J'ai ouvert la porte et je suis descendu. La porte s'est refermée derrière moi. Je suis descendu au premier. J'ai tourné la poignée. Putain ! La porte voulait pas ouvrir ! Elle était bouclée. Je suis remonté. Passé le deuxième. J'ai pas essayé la porte. Je savais qu'elle était bouclée. Tout comme le rez-de-chaussée était bouclé. Je commençais à connaître la Poste, depuis le temps. Quand ils tendaient un piège, ils allaient jusqu'au bout. J'avais une seule petite chance. J'étais au troisième étage. J'ai essayé la poignée. Bouclée.

Au moins la porte était près des chiottes des

hommes. Il y avait toujours quelqu'un qui entrait ou sortait des chiottes des hommes. J'ai attendu. Dix minutes. Vingt minutes ! Y avait donc PERSONNE qu'avait envie de chier, pisser ou se branler ? Vingt-cinq minutes. Là j'ai vu une tronche. J'ai tapé sur la vitre.

« Hey, mec ! HEY, MEC ! »

Il m'a pas entendu, ou il a fait semblant de ne pas m'entendre. Il s'est engouffré dans les chiottes. Cinq minutes. Alors une autre tronche s'est pointée.

J'ai tapé fort. « HEY, MEC ! HEY, TOI, L'ENCULÉ ! »

Je suppose qu'il m'a entendu. Il m'a regardé à travers le verre Securit.

J'ai dit : « OUVRE LA PORTE ! TU PEUX DONC PAS ME VOIR DE LÀ-DEDANS ? JE SUIS BOUCLÉ DEHORS, ESPÈCE DE CONNARD ! OUVRE LA PORTE ! »

Il a ouvert la porte. Je suis rentré. Le mec était comme en transe.

Je lui ai serré le coude.

« Merci, fiston. »

Je suis retourné au casier des magazines.

Alors le surveil est passé devant. Il s'est arrêté et m'a regardé. J'ai ralenti.

« Comment ça va, monsieur Chinaski ? »

J'ai grogné dans sa direction, agité un magazine en l'air comme si je devenais dingue, je me suis parlé à moi-même, et il a passé son chemin.

9

Fay était enceinte. Mais ça ne la changeait pas et ça ne changeait pas la Poste non plus.

C'étaient les mêmes préposés qui s'appuyaient tout le travail pendant que l'équipe des polyvalents glandait et discutait sports. C'étaient tous des gros balèzes noirs, charpentés comme des lutteurs professionnels. Chaque fois qu'un type bâti comme ça arrivait dans le service, on le collait dans l'équipe des polyvalents. Ça évitait qu'ils trucident les conducteurs de travaux. Si l'équipe de polyvalents avait un conducteur, je l'ai jamais vu. L'équipe amenait des pleins camions de courrier qui arrivait par le monte-charge. Ils bossaient cinq minutes dans une heure. Des fois ils comptaient le courrier ou faisaient semblant. Ils avaient l'air calme et intellectuel, à faire leurs comptes, de longs crayons passés derrière l'oreille. Mais la plupart du temps ils se chamaillaient violemment sur le sport. C'étaient tous des experts – ils lisaient les mêmes journalistes sportifs.

« O.K., man, quel est le plus grand de tous les temps dans l'outfield[1], d'après toi ?

— Voyons, y a Willie Mays, Ted Williams, Cobb.

— Quoi ? Quoi ?

— Sûrement, baby !

— Et le Babe[2] alors ? Qu'est-ce que tu fais du Babe ?

— O.K., O.K., qui c'est ton champion toutes catégories dans l'outfield, à toi ?

— Tous les temps, pas toutes catégories !

— O.K., O.K., tu sais bien ce que je veux dire, baby, tu sais ce que je veux dire !

— Eh bien, pour moi c'est Mays, Ruth et Di Maj[3].

1. Zone extérieure sur un terrain de base-ball.

2. « The Babe » : Babe Ruth, légendaire joueur de base-ball.

3. Joe Di Maggio, champion de base-ball, héros des Italiens américains ; avait épousé Marilyn Monroe.

— Vous êtes cinglés, tous les deux ! Et qu'est-ce que tu fais de Hank Aaron, baby ? Qu'est-ce que tu fais de Hank ? »

Un moment donné on a mis tous les postes de polyvalents disponibles sur demande. Les demandes étaient surtout accordées à l'ancienneté. L'équipe des polyvalents est passée et a arraché les demandes des registres. Comme ça ils avaient plus à s'en faire. Personne n'a porté plainte. Ça faisait une longue trotte dans le noir jusqu'au parking, la nuit.

10

J'ai commencé à avoir des vertiges. Je les sentais venir. Le casier se mettait à tourner. Les vertiges duraient à peu près une minute. Je comprenais pas. Chaque lettre devenait de plus en plus lourde. Les préposés se sont mis à avoir cet air gris et mort. J'ai commencé à glisser de mon tabouret. Mes jambes pouvaient à peine me supporter. Le boulot était en train de me tuer.

J'ai été voir mon docteur et je lui en ai parlé. Il a pris ma tension.

« Non, non, votre tension est normale. »

Ensuite il m'a mis le stéthoscope et m'a pesé.

« Je ne trouve rien d'anormal. »

Alors il m'a fait ces analyses de sang spéciales. Il me faisait une prise de sang trois fois à intervalle, l'intervalle chaque fois un peu plus long que le précédent.

« Voulez-vous attendre dans l'autre pièce ?

— Non, non, je vais sortir marcher un peu et je reviendrai à temps.

— Bon, mais revenez à l'heure. »

J'étais à l'heure pour la deuxième prise de sang. Ensuite il y a eu une plus longue attente pour la troisième, vingt à vingt-cinq minutes. Je suis sorti dans la rue. Il se passait pas grand-chose. J'ai été dans un drugstore et j'ai lu un magazine. Je l'ai reposé, j'ai regardé l'horloge et je suis sorti. J'ai vu cette bonne femme assise à l'arrêt de bus. C'était un de ces oiseaux rares. Elle montrait beaucoup de cuisse. Je pouvais pas la quitter des yeux. J'ai traversé la rue et je suis resté à vingt mètres environ.

Et puis elle s'est levée. Fallait que je la suive. Ce gros cul me faisait signe. J'étais hypnotisé. Elle a marché jusqu'à une poste et je suis entré derrière elle. Elle s'est mise dans une longue file d'attente et je me suis mis juste derrière elle. Elle a acheté deux cartes postales. J'ai acheté douze cartes par avion et pour deux dollars de timbres.

Quand je suis sorti elle montait dans le bus. Je me suis rincé l'œil une dernière fois sur cette cuisse et ce cul délicieux qui montaient dans le bus, et le bus l'a emportée.

Le docteur attendait.

« Qu'est-ce qui vous est arrivé ? Vous avez cinq minutes de retard !

— Je sais pas. L'horloge devait pas être juste.

— CE TRUC DOIT ÊTRE EXACT !

— Allez-y. Prenez le sang quand même. »

Il m'a enfoncé l'aiguille…

Deux jours après les analyses disaient que je n'avais rien qui clochait. Je savais pas si c'étaient les cinq minutes de différence ou quoi. Mais les vertiges empiraient. Je me suis mis à pointer au bout de quatre heures de boulot sans remplir les formulaires nécessaires.

Je rentrais vers 11 heures du soir et Fay était là. Cette pauvre Fay en cloque.

« Qu'est-ce qui t'est arrivé ?

— Je pouvais plus le supporter, je disais, trop sensible… »

11

Les gars de la section Dorsey ignoraient mes problèmes.

J'entrais par la porte de derrière tous les soirs, cachais mon tricot dans un plateau et j'entrais chercher ma carte de présence :

« Brothers and sisters ! je disais.

— Brother Hank !

— Salut, Brother Hank ! »

On jouait ce petit jeu, le jeu du noir-et-blanc et ils aimaient bien jouer à ça. Boyer s'approchait de moi, me touchait le bras et disait : « Man, si j'avais un coup de peinture comme *le tien*, je serais millionnaire !

— Sûr, que tu le serais, Boyer. Il suffit d'une peau blanche. »

Alors ce petit rondouillard de Hadley s'approchait de nous.

« Sur ce bateau il y avait un cuisinier noir. Il était le seul Noir à bord. Il faisait de la crème au tapioca deux ou trois fois la semaine et il se branlait dedans. Ces petits blancs aimaient vraiment beaucoup sa crème au tapioca, he he he he ! Ils lui demandaient comment il la faisait et il leur disait qu'il avait sa propre recette secrète, eh eh eh eh eh ehe ! »

On rigolait tous. Je sais pas combien de fois j'ai dû entendre l'histoire de la crème au tapioca…

« Hey, pauv' petit blanc ! Hey, mon gars !

— Écoute, man, si je t'appelais "mon gars" tu sortirais sûrement ta lame. Alors m'appelle pas "mon gars" !

— Dis donc, l'homme blanc, et si on faisait une virée ensemble samedi soir ? Je me suis dégotté une chouette nénette blanche à cheveux blonds.

— Et moi j'ai une chouette nénette noire. Et pas besoin de te dire de quelle couleur sont ses cheveux.

— Vous vous êtes farci nos femmes pendant des siècles. On essaye de se rattraper. Ça te fait rien si je mets ma grosse bite noire dans ta nénette blanche ?

— Si elle la veut, elle peut l'avoir.

— Vous avez volé la terre des Indiens.

— Sûr, j'ai fait ça.

— Tu m'inviterais jamais chez toi. Si jamais tu le faisais tu me demanderais de passer par-derrière, pour que personne voie ma peau…

— Mais je laisserais une petite lampe allumée. »

À la fin ça devenait lassant mais y avait pas à en sortir.

12

Fay était au poil avec la grossesse. Pour une vieille souris elle était au poil. On a attendu chez nous. Finalement le moment est venu.

« Ça va pas tarder, elle a dit, je veux pas arriver là-bas trop tôt. »

Je suis sorti vérifier la voiture. Suis revenu.

« Ooooh, oh, elle a fait. Non, attends. »

Peut-être qu'elle pouvait réellement sauver le monde. J'étais fier de son calme. Je lui pardonnais la vaisselle sale et le *New Yorker* et son atelier d'écrivains. La vieille frangine était une créature solitaire de plus dans un monde qui s'en foutait.

« On devrait y aller, maintenant, j'ai dit.

— Non, a dit Fay, je veux pas te faire attendre trop longtemps. Je sais bien que t'es patraque.

— On s'en fout, de moi. Allons-y.

— Non, s'il te plaît, Hank. »

Elle est restée là.

« Qu'est-ce que je peux faire pour toi ? j'ai demandé.

— Rien. »

Elle est restée assise dix minutes. Je suis allé dans la cuisine me chercher un verre d'eau. Quand je suis revenu elle a dit : « T'es prêt à conduire ?

— Sûr.

— Tu sais où est l'hôpital ?

— Bien sûr. »

Je l'ai aidée à monter dans la voiture. J'avais fait deux trajets pour m'entraîner la semaine d'avant. Mais quand on est arrivés là-bas je savais pas où me garer. Fay a indiqué une entrée.

« Mets-toi là-dedans. Gare-toi là. On fera le reste à pied.

— Bien, m'dame », j'ai dit.

Elle était au lit dans une chambre au fond qui donnait sur la rue. Elle a fait une grimace. « Donne-moi la main », elle a dit.

C'est ce que j'ai fait.

« Ça va vraiment arriver ? j'ai demandé.

— Oui.

— Avec toi ça semble si simple, j'ai dit.

— Tu es si gentil. Ça aide.

— J'aimerais bien *être* gentil. C'est cette saloperie de Poste…

— Je sais. Je sais. »

On regardait par la fenêtre de derrière.

J'ai dit : « Regarde tous ces gens là en bas. Ils n'ont aucune idée de ce qui se passe ici. Ils se contentent de marcher sur le trottoir… Et pourtant, c'est marrant… Ils sont tous nés une fois, chacun d'eux.

— Oui, c'est marrant. »

Je pouvais sentir les mouvements de son corps à travers sa main. « Serre plus fort, elle a dit.

— Oui.

— Je vais détester ça, quand tu vas partir.

— Où est le docteur ? Où est tout le monde ? Qu'est-ce qui m'a foutu ça ?

— Ils seront là. »

Juste à ce moment une infirmière est entrée. C'était un hôpital catholique et c'était une très jolie infirmière, espagnole ou portugaise.

« Vous… Dois partir… maintenant », qu'elle m'a fait.

J'ai fait voir à Fay mes doigts croisés[1] et un sourire tordu. Je crois pas qu'elle m'ait vu. J'ai pris l'ascenseur pour descendre.

1. En signe de chance.

13

Mon docteur allemand s'est amené. Celui qui m'avait fait les prises de sang.

« Félicitations, qu'il a dit en me serrant la main, c'est une fille. 9 livres, 3 onces.

— Et la mère ?

— La mère va bien. Elle n'a posé aucun problème.

— Quand je peux les voir ?

— Ils vous le diront. Restez assis là et ils vous appelleront. »

Ensuite il est parti.

J'ai regardé à travers la vitre. L'infirmière a montré mon enfant du doigt. La figure de l'enfant était très rouge et il hurlait plus fort que tous les autres enfants. La pièce était pleine de bébés hurleurs. Toutes ces naissances ! L'infirmière avait l'air très fière de mon bébé. Enfin, j'espérais que c'était bien le mien. Elle a pris la fillette pour que je puisse mieux la voir. Je souriais à travers la vitre. Je savais pas quoi faire. La môme arrêtait pas de hurler dans ma direction. Pauvre morpionne, je pensais, pauvre satanée petite morpionne. À l'époque je ne me doutais pas qu'elle serait un jour une belle fille, mon portrait tout craché, ha ha ha.

J'ai fait signe à l'infirmière de reposer l'enfant, puis je leur ai fait au revoir à toutes les deux. C'était une chouette infirmière. Belles jambes, pareil pour les hanches. Seins passables.

Fay avait une trace de sang sur le côté gauche de la bouche alors j'ai pris une serviette mouillée et je l'ai enlevée. Les femmes étaient faites pour souffrir ;

pas étonnant qu'elles soient tout le temps à réclamer des déclarations d'amour.

« Je voudrais bien qu'ils me donnent mon bébé, a dit Fay, c'est pas juste de nous séparer comme ça.

— Je sais. Mais je suppose qu'il y a une raison médicale quelconque.

— Oui, mais ça semble pas juste.

— Non, t'as raison. Mais la gosse a l'air bien. Je vais faire ce que je peux pour qu'ils t'envoient ton enfant aussitôt que possible. Il devait bien y avoir quarante bébés là-dedans. Ils font attendre toutes les mères. Je suppose que c'est pour qu'elles regagnent leurs forces. Notre bébé avait l'air *très* costaud, je t'assure. T'en fais pas, je t'en prie.

— Je serais si heureuse avec mon bébé.

— Je sais. Je sais. Ça sera plus long.

— Monsieur, une grosse infirmière Mexicaine s'est amenée, je vais vous demander de sortir, maintenant.

— Mais je suis le père.

— Ça nous le savons. Mais votre femme doit se reposer. »

J'ai serré la main de Fay, l'ai embrassée sur le front. Elle a fermé les yeux et alors elle a semblé dormir. C'était plus une jeune femme. Elle avait peut-être pas sauvé le monde mais elle avait apporté une importante amélioration. Un bon point pour Fay.

14

Marina Louise, que Fay a appelé l'enfant. Alors c'était ça, Marina Louise Chinaski. Dans le berceau près de la fenêtre. À regarder les feuilles des arbres et les formes lumineuses sur le plafond. Ensuite elle pleurait. Promène bébé, parle au bébé. La môme voulait le sein de maman mais maman n'était pas toujours disposée et j'avais pas de seins à maman. Et le boulot était toujours là. Et maintenant c'étaient les émeutes. Un dixième de la ville était en feu…

15

Dans l'ascenseur en montant, j'étais le seul Blanc. Ça faisait drôle. Ils parlaient des émeutes sans me regarder.

« Putain, disait un type noir comme le charbon, c'est vraiment quelque chose. Tous ces mecs qui se baladent dans la rue, fin soûls, des bouteilles de whisky plein les bras. Les flics qui patrouillent mais qui sortent pas de leurs voitures, qu'emmerdent pas les pochards. En plein jour. Les gens qui se baladent avec des postes de télé, des aspirateurs, tout ça. C'est vraiment quelque chose…

— Ouais, man.

— Les magasins qu'appartiennent aux Noirs mettent des pancartes, "FRÈRES DE SANG". Et les magasins blancs aussi. Mais ils trompent personne. Les gens savent bien quels endroits appartiennent à Whitey…

— Tu l'as dit, brother. »

Ensuite l'ascenseur s'est arrêté au troisième étage et on est tous descendus, ensemble. Je sentais qu'il valait mieux pour mon matricule que je me dispense de tout commentaire.

Peu de temps après, le receveur principal de la ville a parlé sur les intercoms :

« Attention ! Le quartier Sud-Est a été barricadé. Seuls ceux en possession de papiers d'identité seront autorisés à passer. Il y aura un couvre-feu à 7 heures du soir. Après 7 heures plus personne ne sera autorisé à passer. Les barrages vont d'Indiana Street à Hoover Street, et de Washington Boulevard à la 135e Rue. Tous ceux qui habitent dans cette zone sont exemptés de travail à partir de maintenant. »

Je me suis levé et j'ai été prendre ma carte pour pointer.

« Hey ! Où vous allez comme ça ? m'a demandé le conducteur de travaux.

— Vous avez pas entendu l'annonce ?

— Ouais, mais vous êtes pas… »

J'ai glissé ma main gauche dans ma poche.

« Je suis pas QUOI ? Je suis pas QUOI ? »

Il m'a regardé.

« Qu'est-ce que t'en *sais*, WHITEY ? » j'ai fait.

J'ai pris ma carte et suis allé pointer.

16

Les émeutes se sont terminées, le bébé s'est calmé, et je trouvais des moyens d'éviter Janko. Mais les vertiges persistaient. Le docteur m'a fait une ordonnance permanente pour les capsules de Librium vertes et blanches et ça aidait un peu.

Un soir je me suis levé chercher un coup de flotte. Ensuite je suis retourné m'asseoir, j'ai travaillé trente minutes et puis j'ai pris mes dix minutes de pause.

Quand j'ai été me rasseoir, Chambers, le surveillant, un mulâtre, a déboulé en courant :

« Chinaski ! Tu t'es finalement passé la corde au cou ! Ça fait quarante minutes que t'es parti ! »

Un soir Chambers était tombé par terre, une attaque, fallait le voir écumer et se tortiller. Ils l'avaient emporté sur une civière. Le soir d'après il était revenu, cravate, chemise neuve, comme si rien ne s'était passé. Maintenant il me faisait le vieux coup du distributeur d'eau.

« Écoutez, Chambers, essayez d'être raisonnable. J'ai été boire un coup d'eau, été me rasseoir, travaillé trente minutes et puis j'ai fait ma pause. Je me suis absenté dix minutes.

— Tu t'es passé la corde au cou, Chinaski ! T'es parti quarante minutes ! J'ai sept témoins !

— Sept témoins ?

— Oui, sept.

— Je vous dis que c'était dix minutes.

— Non, on te tient, Chinaski ! On te tient drôlement, ce coup-ci ! »

Il me fatiguait. Je voulais plus le voir :

« Bon, comme vous voulez. Je suis parti quarante minutes. Allez-y. Verbalisez. »

Chambers s'est sauvé.

J'ai trié un peu plus de lettres, et ensuite le conducteur en chef des travaux s'est amené. Un Blanc, maigre, avec des petites touffes de cheveux gris qui dépassaient par-dessus ses deux oreilles.

Je l'ai regardé, ensuite je me suis tourné et j'ai expédié quelques lettres de plus.

« Monsieur Chinaski, je suis sûr que vous comprenez les règles et consignes de la Poste. Chaque préposé a droit à deux pauses de dix minutes, une avant la croûte, une après la croûte. La pause est un privilège accordé par la direction : dix minutes. Dix minutes font...

— BORDEL ! » J'ai jeté les lettres par terre. « J'ai admis le coup des quarante minutes juste pour vous satisfaire, tous que vous êtes, et ne plus vous avoir sur le cul. Mais vous y revenez ! Alors maintenant je me rétracte ! J'ai seulement pris dix minutes ! Je veux voir vos sept témoins ! Sortez-les ! »

Deux jours plus tard j'étais aux courses. Je lève les yeux et je vois toutes ces dents, ce grand sourire et ces yeux brillants, amicaux. Qui ça pouvait bien être, avec toutes ces dents ? Je regarde de plus près. C'était Chambers qui me regardait, tout sourire, faisant la queue pour un café. J'avais une bière à la main. Je me suis approché d'une poubelle, et tout en le regardant, j'ai craché. Ensuite je me suis éloigné. Chambers ne m'a plus jamais cherché noise.

17

Le bébé rampait, découvrait le monde. Marina dormait dans le même lit que nous la nuit. Il y avait Marina, Fay, le chat et moi. Le chat dormait sur le lit aussi. Regarde ça, je me disais, t'as trois bouches qui dépendent de toi. Ça faisait tout drôle. Je restais assis là à les regarder dormir.

Et puis deux fois de suite, comme je rentrais le matin, à l'aube, j'ai trouvé Fay assise dans le lit à lire les petites annonces.

« Toutes ces piaules sont si foutrement chères, elle a dit.

— Pour sûr », j'ai dit.

La nuit d'après, comme elle parcourait le journal, je lui ai demandé :

« Tu déménages ?

— Oui.

— Bon. Je t'aiderai à trouver une piaule demain. Je ferai le taxi. »

J'étais d'accord pour lui verser une somme tous les mois. Elle a dit : « Si tu veux. »

Fay a eu la fille. J'ai eu le chat.

On a trouvé une carrée huit ou dix rues plus loin. Je l'ai aidée à emménager, j'ai dit au revoir à la fille et je suis rentré en voiture.

J'allais voir Marina deux ou trois ou quatre fois par semaine. Je savais qu'aussi longtemps que je pourrais voir la môme ça irait pour moi.

Fay portait toujours du noir pour protester contre la guerre. Elle allait aux manifestations pacifistes du coin, aux love-in, aux lectures de poésie, aux ateliers, aux réunions du parti communiste et traînait dans un café hippie. Elle prenait la gosse avec elle. Quand elle était pas sortie elle était dans un fauteuil à lire en fumant cigarette sur cigarette. Elle portait des badges militants sur son corsage noir. Mais elle était généralement sortie quelque part avec la môme quand je venais leur rendre visite.

Je les ai finalement trouvées chez elles un jour. Fay était en train de manger des graines de tournesol avec du yaourt. Elle faisait son pain elle-même, mais il était pas terrible.

« J'ai rencontré ce chauffeur de camion, Andy, qu'elle m'a dit. Il peint à ses heures. C'est un de ses tableaux. » Fay a indiqué le mur.

J'étais en train de jouer avec la gosse. J'ai regardé le tableau. J'ai rien dit.

« Il a une grosse bite, a dit Fay. Il était ici l'autre soir et il m'a demandé : "Ça te plairait de te faire tringler par une grosse bite ?" et je lui ai dit : "J'aimerais mieux me faire tringler avec amour !"

— Ça a l'air d'être un homme du monde », je lui ai dit comme ça.

J'ai joué avec la gosse encore un peu et puis je suis parti. J'avais un examen de tri bientôt.

Peu après ça j'ai reçu une lettre de Fay. Elle et la gosse vivaient dans une commune hippie au Nouveau-Mexique. C'était un chouette endroit, qu'elle disait. Marina pourrait respirer, là-bas. Elle joignait un petit dessin que la fille avait fait pour moi.

CINQUIÈME PARTIE

1

MINISTÈRE DES SERVICES POSTAUX

OBJET : Demande d'explication
À : M. Henry Chinaski

Nous avons reçu à ce bureau une information indiquant que vous avez été arrêté par la police de Los Angeles le 12 mars 1969, pour état d'ébriété.

À cet égard, nous attirons votre attention sur la Section 744.12 du Manuel postal, qui déclare :

« Les employés des services postaux sont les serviteurs du grand public et leur conduite, sur bien des points, doit être sujette à plus de restrictions et à de plus hauts principes que dans les emplois privés. Les employés sont tenus de se conduire, pendant et en dehors des heures de service, d'une manière qui se reflétera favorablement sur le service postal. Bien qu'il ne soit pas dans la politique du ministère d'intervenir dans la vie privée des employés, il exige néanmoins que le personnel

postal soit honnête, sûr, digne de confiance, et qu'il ait en outre bon caractère et bonne réputation. »

Bien que le motif de votre arrestation soit relativement mineur, elle constitue la preuve de votre manquement à vous conduire d'une manière qui se reflète favorablement sur le service postal. En conséquence vous êtes à présent mis en garde et dûment averti qu'en cas de répétition de ce genre d'arrestation ou de toute autre altercation avec les autorités policières, ce bureau n'aura d'autre alternative que d'envisager une action disciplinaire.

Vous êtes en droit de soumettre vos explications écrites sur cette affaire si vous le désirez.

2

MINISTÈRE DES SERVICES POSTAUX

OBJET : Avis de proposition de sanction
À : M. Henry Chinaski

Ceci est un avis vous prévenant qu'il a été proposé de vous suspendre de vos fonctions sans solde pour une durée de 3 jours ou de prendre toute autre décision disciplinaire pouvant être jugée appropriée. La sanction proposée est considérée comme nécessaire et bénéfique à l'efficacité du service et devra entrer en vigueur dans 35 jours au plus tôt à partir de la réception de cet avis.

L'accusation et les raisons supportant cette accusation sont :

CHEF D'ACCUSATION N° 1 :

Vous êtes accusé d'avoir été absent sans congé le 13 mai 1969, le 14 mai 1969, le 15 mai 1969.

En plus de cette accusation, l'élément suivant de votre dossier sera retenu pour déterminer la gravité de la sanction, si l'accusation devait être maintenue :

Vous avez reçu une demande d'explication le 1er avril 1969 pour vous être absenté sans congé.

Vous avez le droit de vous défendre contre cette accusation soit en personne soit par écrit, ou les deux, et de vous faire accompagner d'un défenseur de votre choix. Votre réponse doit être soumise dans les dix (10) jours après la date de réception de la présente. Vous avez également le droit de soumettre des dépositions faites devant avoué en vue d'étayer votre réponse. Toute réponse par écrit devra être adressée au receveur principal, Los Angeles, California 90052. Si vous avez besoin d'un délai supplémentaire pour soumettre votre réponse, il vous le sera accordé sur demande écrite indiquant les raisons de cette nécessité.

Si vous souhaitez répondre en personne, vous pouvez prendre rendez-vous avec Ellen Normell, Direction du personnel et de l'embauche, ou K.T. Shamus[1]*, chef des Services, en appelant le 289-2222.*

Après l'expiration des 10 jours qui vous sont accordés pour répondre, toutes les pièces de votre dossier, y compris toute réponse que vous pourrez avoir soumise, seront pleinement examinées avant qu'aucune décision ne soit prise. Si la décision vous est défavorable, la lettre de décision vous détaillera la raison, ou les raisons, ayant entraîné la décision.

3

MINISTÈRE DES SERVICES POSTAUX

OBJET : Avis de décision
À : Henry Chinaski

Suite à la lettre vous ayant été adressée le 17 août 1969, qui proposait votre mise à pied de trois jours sans solde ou toute autre mesure disciplinaire, ceci basé sur le chef d'accusation n° 1 spécifié dans cette lettre. Jusqu'à présent aucune réponse à cette lettre n'a été reçue. Après examen attentif de l'accusation, il a été décidé que le chef

1. Argot des années 1930 et 1940 pour « détective » (privé ou non), donc « poulet » ou « condé ».

d'accusation n° 1, qui se trouve étayé par des preuves substantielles, est retenu et justifie votre mise à pied. En conséquence, vous serez suspendu de vos fonctions sans solde pour une période de trois (3) jours.

Votre premier jour de suspension sera le 17 novembre 1969 et votre dernier jour de suspension sera le 19 novembre 1969.

L'élément de votre dossier, énoncé en détail dans l'avis de proposition de sanctions, a également été pris en considération pour la pénalisation devant être imposée.

Vous avez le droit de faire appel contre cette décision soit devant le ministère des Services postaux, soit devant le tribunal administratif des États-Unis, ou encore d'abord devant le ministère des Services postaux, puis ensuite devant le tribunal administratif, en tenant compte des règles suivantes :

Si vous faites appel d'abord devant le tribunal administratif, vous n'aurez aucun droit à faire appel au ministère des Services postaux. Tout appel au tribunal administratif doit être soumis au directeur régional, Région de San Francisco, tribunal administratif des États-Unis, 450 Golden Gate Avenue, boîte 36010, San Francisco, California 94102. Votre demande d'appel doit a/ être adressée par écrit, b/ exposer vos raisons de contester la mise à pied, avec toutes les preuves et tous les documents dont vous pouvez disposer, et c/ être soumise dans les 15 jours au plus tard après la date effective de votre suspension. Le tribunal, sur réception de l'appel, examinera la prise de sanction seulement pour déterminer si la procédure normale a été respectée, à moins que vous ne puissiez fournir une déposition devant avoué arguant que l'action disciplinaire a des motifs politiques, autres que ceux autorisés par la loi, ou résulte d'une discrimination causée par une loi martiale ou un handicap physique.

Si vous faites appel au ministère des Services postaux, vous ne serez autorisé à faire appel au tribunal administratif qu'après qu'une décision aura été prise par le ministère concernant votre appel. À ce stade, vous aurez le choix entre poursuivre votre appel à des échelons plus élevés du ministère des Services postaux ou alors faire appel au tribunal administratif. Néanmoins, si aucune décision n'a été prise sur l'appel dans les 60 jours après qu'il aura été fait, vous pouvez choisir de terminer votre appel au ministère et faire appel au tribunal.

Si vous faites appel devant le ministère des Services postaux dans les dix (10) jours après avoir reçu cet avis de décision, votre mise à pied ne sera pas mise en vigueur jusqu'à ce que vous ayez reçu une décision sur votre appel de la part du directeur régional, ministère des Services postaux. De plus, si vous faites appel auprès du ministère, vous avez le droit d'être accompagné, représenté et conseillé par un défenseur de votre choix. Vous et votre défenseur serez libres de toute restriction, intervention, contrainte, discrimination ou de toutes représailles. Vous et votre défenseur vous verrez également accorder un délai raisonnable pour préparer votre défense.

Un appel au ministère des Services postaux peut être soumis dès que vous recevrez cette lettre mais pas plus tard que 15 jours après la date effective de votre mise à pied. Votre lettre doit inclure une demande d'audience ou une déclaration selon laquelle aucune audience n'est souhaitée. L'appel devra être adressé à :

Directeur régional
Ministère des services postaux
631 Howard Street
San Francisco, California
94 106

Si vous faites appel soit au directeur général soit au tribunal administratif, fournissez-moi une copie signée de l'appel en même temps qu'il est envoyé à la Région ou au tribunal administratif.

Si vous avez des questions concernant la procédure des appels, vous pouvez contacter Richard N. Marth, Assistant au Service du Personnel et Prestations sociales, Bureau du Personnel et des Services, porte 2205, Federal Building, 300 North Los Angeles Street, entre 8 h 30 et 16 heures, de lundi à vendredi.

4

MINISTÈRE DES SERVICES POSTAUX

OBJET : Avis de proposition de sanction disciplinaire
À : Henry Chinaski

Ceci est un avis vous avertissant qu'il a été proposé de vous renvoyer du service postal ou de prendre toute autre mesure disciplinaire jugée appropriée contre vous. La sanction proposée est jugée nécessaire et bénéfique à l'efficacité du service et n'entrera pas en effet avant 35 jours à partir de la réception de cette lettre.

Le chef d'accusation et les raisons de cette accusation sont les suivants :

CHEF D'ACCUSATION N° 1

Vous êtes accusé de vous être absenté sans congé aux dates suivantes :

25 septembre	1969	4	hrs
28 septembre	1969	8	hrs
29 septembre	1969	8	hrs
5 octobre	1969	8	hrs
6 octobre	1969	4	hrs
7 octobre	1969	4	hrs
13 octobre	1969	5	hrs
15 octobre	1969	4	hrs

16 octobre	1969	8	hrs
19 octobre	1969	8	hrs
23 octobre	1969	4	hrs
29 octobre	1969	4	hrs
4 novembre	1969	8	hrs
6 novembre	1969	4	hrs
12 novembre	1969	4	hrs
13 novembre	1969	8	hrs

De plus, les éléments suivants de votre dossier seront retenus pour déterminer la gravité de la sanction, si l'accusation devait être maintenue :

Vous avez reçu une demande d'explication le 1er avril 1969 pour vous être absenté sans congé.

Vous avez reçu une proposition de sanction disciplinaire le 17 août 1969, pour vous être absenté sans congé. Pour cette raison vous avez été relevé de vos fonctions, sans solde, pour trois jours du 17 novembre 1969 au 19 novembre 1969.

Vous avez le droit de vous défendre contre cette accusation soit en personne soit par écrit, ou les deux, et de vous faire accompagner d'un défenseur de votre choix. Votre réponse doit être soumise dans les dix (10) jours après la date de réception de la présente. Vous avez également le droit de soumettre des dépositions faites devant avoué en vue d'étayer votre réponse. Toute réponse par écrit devra être adressée au receveur principal,

Los Angeles, California 90052. Si vous avez besoin d'un délai supplémentaire pour soumettre votre réponse, il vous le sera accordé sur demande écrite indiquant les raisons de cette nécessité.

Si vous souhaitez répondre en personne, vous pouvez prendre rendez-vous avec Ellen Normell, Direction du personnel et de l'embauche, ou K.T. Shamus, chef des Services, en appelant le 289-2222.

Après l'expiration des 10 jours qui vous sont accordés pour répondre, toutes les pièces de votre dossier, y compris toute réponse que vous pourrez avoir soumise, seront pleinement examinées avant qu'aucune décision ne soit prise. Si la décision vous est défavorable, la lettre de décision vous détaillera la raison, ou les raisons, ayant entraîné la décision.

SIXIÈME PARTIE

1

J'étais assis à côté d'une jeune fille qui ne connaissait pas très bien ses grilles.

« 2900 Roteford, où ça va ? qu'elle me demandait.

— Essaye de la jeter dans le 33 », je lui disais.

Le surveillant lui parlait.

« Vous dites que vous êtes du Kansas ? Moi, mes parents sont tous les deux du Kansas.

— Ah oui ? » faisait la fille.

Ensuite elle me demandait :

« Et 8400 Meyers ?

— Essaye le 18. »

Elle était un peu dans le genre grassouillette mais elle était prête. Je passais la main. Les dames, j'en avais mon fade pour un bout.

Le surveillant se tenait très près d'elle.

« Vous habitez loin du travail ?

— Non.

— Vous aimez votre boulot ?

— Oh, oui. »

Elle se tournait vers moi.

« Et 6200 Albany ?

— 16. »

Quand j'ai terminé mon plateau le surveillant s'est adressé à moi :

« Chinaski, je vous ai chronométré sur ce plateau. Ça vous a pris vingt-huit minutes. »

J'ai pas répondu.

« Savez-vous quelle est la cadence pour un plateau comme ça ?

— Non, j'en sais rien.

— Ça fait combien de temps que vous êtes ici ?

— Onze ans.

— Ça fait onze ans que vous êtes ici et vous ne savez pas quelle est la cadence ?

— Correct.

— Vous triez le courrier comme si vous vous en fichiez. »

La fille avait encore un plein plateau devant elle. On avait commencé nos plateaux en même temps.

« Et vous avez bavardé avec cette demoiselle à côté de vous. »

J'ai allumé une cigarette.

« Chinaski, venez ici une minute. »

Il se tenait devant les casiers en métal et montrait quelque chose du doigt.

Tous les préposés triaient très vite à présent. Je les voyais mouliner du bras droit comme des fous. Même la fille boulotte en mettait un vieux coup.

« Vous voyez ces chiffres peints en bout de casiers ?

— Ouais.

— Ces chiffres indiquent le nombre de lettres devant être triées en une minute. Un plateau de deux pieds doit être liquidé en vingt-trois minutes. Vous avez mis cinq minutes de trop. »

Il a montré le 23. « La cadence, c'est 23.

— Ce 23 ne signifie rien.

— Ça veut dire quoi ?

— Ça veut dire qu'un homme est passé et a peint ce 23 là-dessus avec un pot de peinture.

— Non, non, ça a été testé sur des années, et revérifié. »

À quoi bon ? J'ai pas répondu.

« Il va falloir que je fasse un rapport là-dessus, Chinaski. Vous allez être conseillé là-dessus. »

Je suis retourné m'asseoir. Onze ans ! J'avais pas un sou de plus en poche que quand j'étais entré. Onze ans. Bien que les nuits aient été longues, les années avaient passé vite. Peut-être que c'était le travail de nuit qui voulait ça. Ou faire la même chose toujours et encore et encore. Au moins avec Stone je savais jamais à quoi m'attendre. Ici il n'y avait pas de surprise.

Onze ans de foutus, tués d'une balle dans la tête. J'avais vu le job bouffer les mecs. On aurait dit qu'ils fondaient. Comme Jimmy Potts, de la Poste de Dorsey. Quand j'ai débuté, Jimmy était un type baraqué en tee-shirt blanc. Maintenant il était foutu. Il mettait son siège aussi près du sol que possible et s'empêchait de tomber avec ses pieds. Il était trop crevé pour aller chez le coiffeur et portait les mêmes pantalons depuis trois ans. Il changeait de chemise que deux fois la semaine et marchait très lentement. Ils l'avaient bousillé. Il avait 55 ans. Il avait encore sept ans à tirer avant la retraite.

« J'y arriverai jamais », qu'il me disait.

Ils fondaient ou alors ils prenaient du lard et devenaient énormes, surtout le cul et le ventre. C'était le tabouret et les mêmes gestes et la même conversation. Et moi j'étais là, vertiges et douleurs dans le bras, le cou, la poitrine, partout. Je dormais toute la journée pour pouvoir aller au boulot. Le week-end fallait que je boive pour oublier tout ça. Quand j'ai débuté je pesais 90 kilos. À présent j'en faisais 110. Tout ce qu'on bougeait c'était le bras droit.

2

Je suis entré dans le bureau du conseiller. C'était Eddie Beaver qu'était assis derrière le bureau. Les préposés l'appelaient « le Beaver Maigrichon[1] ». Il avait une tête en pointe, un nez en pointe, un menton en pointe. Il était tout en pointes. Et il cherchait les bons points aussi.

« Asseyez-vous, Chinaski. »

Beaver avait des papiers à la main. Il les a lus.

« Chinaski, vous avez mis vingt-huit minutes pour trier un plateau de vingt-trois minutes.

— Oh, arrêtez vos conneries. Je suis fatigué.

— Quoi ?

— J'ai dit, arrêtez vos conneries ! Donnez-moi le papier à signer et laissez-moi partir. Je veux pas entendre vos salades.

— Je suis ici pour vous conseiller, Chinaski ! »

J'ai poussé un soupir. « O.K., j'écoute.

— On a une cadence à respecter, Chinaski.

— Ouais.

— Et quand vous êtes en retard sur la cadence, ça

1. *Beaver* signifie « castor » en anglais, mais désigne souvent le pubis féminin en américain.

veut dire que quelqu'un d'autre va trier votre courrier à votre place. Ça signifie des heures supplémentaires.

— Vous voulez dire que *moi* je suis responsable pour ces trois heures et demie supplémentaires qu'on nous demande de faire presque toutes les nuits ?

— Écoutez, vous avez mis vingt-huit minutes pour faire un plateau de vingt-trois minutes, c'est tout.

— Vous savez bien que non. Chaque plateau a deux pieds de long. Certains plateaux ont trois fois, des fois quatre fois plus de courrier que les autres. Les préposés attrapent ce qu'ils appellent les plateaux à "gros culs". Moi je m'en fous. Faut bien que quelqu'un se farcisse le courrier emmerdant. Pourtant tout ce que vous voulez savoir c'est que chaque plateau fait deux pieds de long et doit être expédié en vingt-trois minutes. Mais c'est pas des plateaux qu'on trie dans les cases, c'est des lettres.

— Non, non, ce truc a été calculé à la minute ! »

— Peut-être que oui. J'en doute. Mais si vous voulez chronométrer un type, le jugez pas sur un seul plateau. Même Babe Ruth se foutait dedans de temps à autre. Jugez un homme sur dix plateaux, ou une nuit de travail. Mais ce truc ne vous sert qu'à baiser tous ceux qui vous tombent dans les pattes.

— Ça suffit. Je vous ai laissé causer, Chinaski. Maintenant je vous le dis à VOUS : Vous avez mis vingt-huit minutes pour trier un plateau. C'est tout ce qu'on voit, nous. ALORS si on vous pince à être en retard sur un autre plateau vous aurez droit à la DERNIÈRE RÉPRIMANDE !

— Bon, je peux juste vous poser une question ?

— Allez-y.

— Supposez que je prenne un plateau facile.

De temps en temps c'est ce que je fais. Parfois je finis un plateau en cinq minutes ou en huit minutes. D'après la moyenne calculée j'ai économisé quinze minutes à la Poste. Alors est-ce que je peux prendre quinze minutes et descendre à la cafétéria prendre une tranche de tarte avec de la glace, regarder la télé et revenir ?

— NON ! VOUS ÊTES CENSÉ ATTRAPER UN PLATEAU IMMÉDIATEMENT ET RECOMMENCER À TRIER DU COURRIER ! »

J'ai signé le papier disant que j'avais été « conseillé ». Ensuite le Beaver Maigrichon m'a signé ma feuille d'absence, il a inscrit l'heure dessus et m'a renvoyé à mon tabouret trier du courrier.

3

Mais il y avait quand même un peu d'action. Un mec a été attrapé sur le même escalier où je m'étais fait piéger. On l'a pincé là-dessus la tête sous la jupe d'une nana. Ensuite une des filles qui travaillait à la cafétéria s'est plainte de ne pas avoir été payée, comme promis, pour un peu de copulation orale qu'elle avait fourni à un conducteur général des travaux et 3 manutentionnaires. On a viré la fille et les 3 manutentionnaires et on a relégué le conducteur général des travaux au rang de surveillant.

Et ensuite, j'ai foutu le feu à la poste.

On m'avait envoyé aux journaux et courrier de quatrième classe et je fumais un cigare, déchargeant un tas de courrier d'un chariot quand un type s'est pointé en disant : « HEY, TON COURRIER EST EN FLAMMES ! »

Je me suis retourné. C'était là. Une petite flamme commençait à s'élever comme un serpent qui danse. De toute évidence un bout de cendre de cigare était tombé là-dedans auparavant.

« Oh merde ! »

La flamme grandissait rapidement. J'ai pris un catalogue et en le tenant à plat j'ai tapé comme un sourd là-dessus. Des étincelles volaient. C'était chaud. Dès que j'éteignais un coin un autre se rallumait.

J'ai entendu une voix :

« Hey ! Je sens le feu !

— TU SENS PAS LE FEU, j'ai hurlé, TU SENS LA FUMÉE !

— Je crois bien que je vais me trisser d'ici !

— Alors va te faire foutre, j'ai crié, TIRE-TOI ! »

Les flammes me brûlaient les mains. Je me *devais* de sauver le courrier des États-Unis, la saloperie de 4e classe !

Finalement j'ai eu le dessus. Du pied j'ai poussé toute la pile de papiers par terre et j'ai marché sur le dernier bout de cendre rouge.

Le surveillant s'est amené pour me dire quelque chose. J'étais là avec le catalogue tout cramé à la main et j'attendais. Il m'a regardé et il s'est trissé.

Après ça j'ai continué de trier la saloperie de 4e classe. Tout ce qui était brûlé je le mettais de côté.

Mon cigare s'était éteint. Je l'ai pas rallumé.

Mes mains ont commencé à me faire mal et j'ai été jusqu'au distributeur d'eau, les ai passées sous l'eau. Ça n'a rien arrangé.

J'ai trouvé le surveillant et je lui ai demandé une feuille d'absence pour aller à l'infirmerie.

C'était la même infirmière, celle qui venait à ma

porte et me demandait : « Qu'est-ce qui vous arrive encore, monsieur Chinaski ? »

Quand je suis entré elle a encore dit la même chose.

« Vous vous souvenez de moi, eh ? j'ai demandé.

— Oh oui, je sais que vous avez eu quelques nuits vraiment éprouvantes.

— Voui, j'ai fait.

— Vous avez toujours des femmes qui viennent à votre appartement ? elle a demandé.

— Voui. Et vous, vous avez toujours des hommes qui viennent au vôtre ?

— Ça suffit, monsieur Chinaski, quel est votre problème ?

— Je me suis brûlé les mains.

— Venez par ici. Comment vous êtes-vous brûlé les mains ?

— Peu importe. Elles sont brûlées. »

Elle était en train de me mettre quelque chose sur les mains. Un de ses seins m'a frôlé.

« Comment c'est arrivé, Henry ?

— Cigare. J'étais près d'un chariot de courrier de 4e classe. Les cendres ont dû tomber dedans. Il y a eu des flammes. »

Le sein était tout contre moi encore.

« Tenez vos mains tranquilles, je vous en *prie* ! »

Et puis elle a pressé tout son flanc contre moi comme elle étalait une sorte de pommade sur mes mains. J'étais assis sur un tabouret.

« Qu'est-ce qu'il y a, Henry, vous paraissez nerveux ?

— Ben, vous savez ce que c'est, Martha.

— Je ne m'appelle pas Martha. C'est Helen.

— Marions-nous, Helen.

— Quoi ?

— Je veux dire : dans combien de temps je pourrai me servir de mes mains ?

— Vous pouvez vous en servir maintenant si vous en avez envie.

— Quoi ?

— Je veux dire là-haut, pour travailler. »

Elle a mis de la gaze.

« C'est vrai que ça fait moins mal, je lui ai dit.

— Il ne faut pas brûler le courrier.

— C'était le courrier merdique.

— Tout courrier est important.

— D'accord, Helen. »

Elle est allée à son bureau et je l'ai suivie. Elle a rempli la feuille d'absence. Elle avait l'air très mignonne avec son petit chapeau blanc. Faudrait que je trouve un moyen de revenir.

Elle m'a vu reluquer son châssis.

« Bon, monsieur Chinaski, je crois qu'il vaut mieux partir maintenant.

— Oh oui… Bon, eh bien merci pour tout.

— Je fais seulement mon travail.

— Sûr. »

Une semaine après il y avait des pancartes DÉFENSE DE FUMER DANS CETTE ZONE un peu partout. Les préposés au tri n'avaient pas le droit de fumer sauf s'ils utilisaient des cendriers. On avait demandé à quelqu'un de fabriquer tous ces cendriers. Ils étaient chouettes. Et ils disaient PROPRIÉTÉ DU GOUVERNEMENT DES ÉTATS-UNIS dessus. Les préposés en piquaient la plupart.

DÉFENSE DE FUMER

J'avais à moi tout seul, Henry Chinaski, révolutionné le système postal.

4

Après ça des types sont venus et ont démoli une fontaine à eau sur deux.

« Hey, regardez, qu'est-ce qu'ils fabriquent, nom de Dieu ? » je demandais.

Personne avait l'air intéressé.

J'étais au courrier de 3e classe. Je suis allé trouver un autre préposé.

« Regarde ! j'ai fait. Ils nous enlèvent notre eau ! »

Il a jeté un œil sur le distributeur d'eau, puis il s'est remis à trier son courrier de 3e classe.

J'ai essayé d'autres préposés. Ils montraient la même indifférence. Je comprenais pas.

J'ai demandé à ce qu'on m'appelle mon délégué syndical pour qu'il vienne dans mon secteur.

Au bout d'un long moment, il s'est amené – Parker Anderson. Dans le temps, Parker dormait dans une vieille bagnole d'occase et se lavait et rasait dans les stations-service qui ne bouclaient pas la porte de leurs toilettes. Parker s'était essayé à l'arnaque mais il avait pas réussi. Alors il était allé à la poste centrale, s'était syndiqué et était allé aux réunions syndicales où il est devenu sergent du service d'ordre. En peu de temps il était bombardé délégué syndical et puis ensuite il a été élu vice-président.

« Qu'est-ce qu'y a qui va pas, Hank ? Je sais bien que t'as pas besoin de *moi* pour venir à bout de ces gardes-chiourmes !

— Remballe la pommade, coco. Ça fait presque

douze ans que je paie des cotisations et j'ai jamais rien demandé, pas *ça*.

— Bon, qu'est-ce qui cloche ?

— C'est les distributeurs d'eau.

— Les distributeurs d'eau clochent ?

— Non, bon sang, les distributeurs d'eau clochent pas. C'est ce qu'ils sont en train de leur faire qui cloche. Regarde.

— Regarde ? Où ça ?

— *Là !*

— Je vois rien.

— C'est justement pour ça que je râle. Avant, il y avait une fontaine à eau à cet endroit.

— Et ils l'ont enlevée. Et puis après ?

— Écoute, Parker, un ça me ferait rien. Mais ils sont en train de désinguer une fontaine sur deux dans tout l'immeuble. Si on les arrête pas, là, bientôt ils vont fermer un chiotte sur deux… et puis après ça, ça sera quoi ? j'en sais rien…

— Bon, a dit Parker, qu'est-ce que tu veux que je fasse ?

— Je veux que tu te secoues les miches et que tu trouves pourquoi on est en train d'enlever ces fontaines.

— Bon, je te verrai demain.

— Veilles-y bien. Douze ans de cotisations, ça fait $312. »

Le lendemain il a fallu que je cherche Parker. Il avait pas la réponse. Ni le jour suivant, ni celui d'après. J'ai dit à Parker que j'étais fatigué d'attendre. Je lui donnais encore une journée.

Le lendemain il est venu me trouver là où je faisais ma pause-café.

« Ça y est, Chinaski, j'ai trouvé.
— Oui ?
— En 1912 quand on a construit cet immeuble…
— 1912 ? Ça fait plus d'un demi-siècle ! Pas étonnant que cette cambuse ressemble au bordel du Kaiser !
— Bon, arrête tes conneries. Alors, en 1912, quand on a construit cet immeuble, le contrat stipulait un *certain nombre* de fontaines à eau. En vérifiant, la Poste a découvert qu'on avait installé *deux fois* plus de distributeurs que le stipulait le contrat.
— Bon, O.K., j'ai dit, quel mal ça fait d'avoir deux fois plus de distributeurs. De toute façon les employés boiront pas plus d'eau pour ça.
— C'est vrai. Mais il se trouve que les fontaines dépassent un peu. Elles sont dans le passage.
— Et alors ?
— Alors, suppose qu'un employé ayant un bon avocat se blesse contre une fontaine ? Suppose qu'il se fasse coincer entre cette fontaine et un chariot plein de lourdes piles de magazines ?
— Je vois, maintenant. Le distributeur d'eau n'est pas censé être là. La Poste est poursuivie pour négligence.
— Voilà !
— Bon. Merci, Parker.
— À ton service. »
S'il avait inventé cette histoire, ça valait presque les foutus $312. J'avais vu des choses bien pires publiées dans *Playboy*.

5

J'ai découvert que la seule façon pour moi d'éviter de piquer du nez dans mon casier c'était de me lever et de marcher de temps en temps.

Fazzio, un surveillant qui avait mon secteur à ce moment-là, m'a vu marcher jusqu'à l'un de ces rares distributeurs d'eau.

« Dites donc, Chinaski, chaque fois que je vous vois vous êtes en train de marcher !

— C'est rien, ça, j'ai dit, chaque fois que je vous vois vous êtes en train de marcher.

— Mais ça fait partie de mon boulot. Marcher fait partie de mon boulot. C'est nécessaire.

— Écoutez, j'ai dit, ça fait partie de mon job à moi aussi. Faut que je le fasse. Si je reste plus longtemps sur ce tabouret je vais sauter sur ces casiers en ferraille et me mettre à siffler *Dixie* par le trou du cul et *Mammy's Little Children Love Shortnin'Bread*[1] par l'orifice frontal.

— Ça suffit, Chinaski, laissez tomber. »

6

Un soir je tournais le coin alors que je m'étais faufilé jusqu'à la cafétéria pour chercher un paquet de sèches. Et je suis tombé sur une tête que je connaissais.

C'était Tom Moto ! Le mec avec qui j'avais été auxiliaire sous le Stone !

1. « Les enfants à Maman aiment les biscuits », chanson enfantine populaire aux États-Unis.

« Moto, salopard ! j'ai fait.

— Hank ! » il a fait.

On s'est serré la main.

« Hey, je pensais justement à toi ! Jonstone prend sa retraite ce mois-ci. On est plusieurs à lui donner une petite fête d'adieu. Tu sais, il a toujours aimé la pêche. On va l'emmener en barque. Peut-être que t'aimerais venir avec nous pour le foutre par-dessus bord, histoire de le noyer. On s'est déniché un chouette lac bien profond.

— Non, merde, je veux même pas le voir. »

Moto souriait des sourcils au trou du cul. Et puis j'ai regardé sa chemise : un insigne de surveillant.

« Oh non, Tom.

— Hank, j'ai quatre gosses. Ils ont besoin de moi pour croûter.

— D'accord, Tom », j'ai dit.

Et puis je me suis cassé.

7

Je sais pas comment ça arrive aux gens. J'avais une gosse à nourrir, besoin de boire quelque chose, y avait le loyer, les chaussures, chemises, chaussettes, tous ces trucs. Comme tout le monde j'avais besoin d'une vieille voiture, quelque chose à manger, tous les petits aléas.

Comme les femmes.

Ou un jour aux courses.

À vivre au jour le jour et sans porte de sortie, vous n'y pensez même pas.

Je me suis garé en face du Federal Building et j'ai attendu que le feu passe au vert. J'ai traversé. Poussé les portes à battants. C'était comme si j'avais été un morceau de fer attiré par un aimant. Je n'y pouvais plus rien.

C'était au premier étage. J'ai ouvert la porte et ils étaient là. Les employés du Federal Building. J'ai remarqué une fille, la pauvre, un bras seulement. Ça faisait une éternité qu'elle était là. C'était comme être un vieux pochard comme moi. Enfin, comme disaient les gars, faut bien travailler quelque part. Alors ils acceptaient ce qu'il y avait. C'était la sagesse de l'esclave.

Une jeune Noire s'est approchée. Elle était bien habillée et contente de sa situation. J'étais content pour elle. Avec son job, moi, je serais devenu cinglé.

« Oui ? elle a dit.

— Je suis préposé aux Postes, j'ai dit, je veux démissionner. »

Elle a cherché sous le comptoir et en a tiré un tas de papiers.

« Tout ça ? »

Elle a souri. « Sûr que vous pouvez le faire ?

— Vous inquiétez pas, j'ai dit, je peux le faire. »

8

Fallait remplir plus de papelards pour sortir que pour entrer.

La première page qu'ils vous donnaient c'était un mémo personnalisé du receveur principal de la ville.

Ça commençait par :

« Je suis désolé de vous voir mettre fin à votre emploi avec la Poste…, etc., etc., etc. »

Comment qu'il pouvait être désolé ? Il me connaissait même pas.

Il y avait une série de questions.

« Avez-vous trouvé vos surveillants compréhensifs ? Pouviez-vous avoir des rapports intéressants avec eux ? »

Oui, j'ai répondu.

« Avez-vous trouvé que les surveillants avaient en quelque façon que ce soit des préjugés en ce qui concerne la race, la religion, le milieu ou tout autre facteur similaire ? »

Non, j'ai répondu.

Et puis il y en avait une : « Conseilleriez-vous à vos amis de chercher un emploi à la Poste ? »

Bien sûr, que j'ai répondu.

« Si vous avez un grief ou une plainte quelconque contre la Poste, veuillez en donner le détail au dos de cette page. »

Pas de grief, j'ai mis.

Ensuite ma jeune Noire est revenue.

« Déjà fini ?

— Fini.

— Je n'ai jamais vu quelqu'un remplir ces formulaires aussi vite.

— "Rapidement" j'ai corrigé.

— "Rapidement" ? elle a demandé. Qu'est-ce que vous voulez dire ?

— Je veux dire, qu'est-ce qu'on fait maintenant ?

— Veuillez me suivre. »

J'ai suivi son cul entre les bureaux jusqu'à un endroit presque au fond.

« Asseyez-vous », a fait le bonhomme.

Il a pris son temps pour lire les papiers. Ensuite il m'a regardé.

« Puis-je vous demander pourquoi vous démissionnez ? Est-ce en raison des sanctions disciplinaires prises contre vous ?

— Non.

— Alors quelle est la raison de votre démission ?

— Pour poursuivre une carrière.

— Poursuivre une carrière ? »

Il m'a regardé. J'étais à moins de huit mois de mon 50e anniversaire. Je savais ce qu'il pensait.

« Puis-je vous demander en quoi va consister cette “carrière” ? »

— Eh bien, monsieur, je vais vous le dire. Pour les trappeurs du bayou la saison ne dure que de décembre à février. J'ai déjà perdu un mois.

— Un mois ? Mais vous êtes ici depuis onze ans.

— Bon, alors j'ai perdu onze ans. Je peux me faire dix à vingt mille dollars en trois mois de piégeage à Bayou La Fourche.

— À faire quoi ?

— À *piéger* ! Rats musqués, ragondins, visons, loutres... rats d'eau. Tout ce qu'il me faut c'est une pirogue. Je donne 20 % de mes prises pour avoir le droit de chasser sur les terres. On me paye un dollar vingt-cinq pour les peaux de rats musqués, trois sacs pour un vison, quatre pour le vison “argenté”, un dollar et demi pour les ragondins et vingt-cinq sacs pour une loutre. Je vends la carcasse des rats musqués, qui font environ un pied de long, pour 5 *cents* à une fabrique d'aliments pour chats. Je me fais 25 *cents* pour une carcasse de ragondin dépecé. J'élève des cochons, des poules et des canards. J'attrape du poisson-chat. Rien de plus facile. Je…

— Ça ne fait rien, monsieur Chinaski, ce sera suffisant. »

Il a mis des papiers dans sa machine à écrire et il a tapé comme un fou.

Ensuite j'ai levé les yeux et c'était Parker Anderson, mon délégué syndical, ce vieux Parker qui se rasait et chiait dans les stations-service, qui me gratifiait de son sourire de politicien.

« Tu démissionnes, Hank ? Je sais bien que tu menaçais de le faire depuis onze ans…

— Ouais, je m'en vais en Louisiane me dégotter un tas de bonnes choses.

— Ils ont un champ de courses là-bas ?

— Tu rigoles ou quoi ? Le Fair Grounds est un des plus vieux champs de courses de tout le pays ! »

Parker avait un jeune Blanc avec lui – un de la tribu des paumés – et les yeux du môme étaient recouverts d'une humide pellicule de larmes. Une seule grosse larme dans chaque œil. Elle tombait pas. C'était fascinant. J'avais déjà vu des femmes rester assises à me regarder avec des yeux comme ceux-là avant de se foutre en pétard et se mettre à crier pour me dire quel fils de pute je faisais. De toute évidence, le môme était tombé dans un des nombreux pièges, et il avait couru chercher Parker. Parker allait lui sauver son job.

Le type m'a encore donné un papier à signer et je suis sorti de là.

Parker a dit : « Bonne chance, vieux, quand je suis passé.

— Merci, baby », j'ai répondu.

Je ne me *sentais* pas différent. Mais je savais que bientôt, comme avec un homme qu'on remonte rapidement des profondeurs de la mer, j'allais être affligé d'un type de folie bien particulier. J'étais comme les foutues perruches à Joyce. Après avoir vécu dans la cage j'avais emprunté l'ouverture et m'étais envolé – comme une flèche, jusqu'au ciel. Jusqu'au Ciel ?

9

J'ai fait la foire. Je me suis soûlé la gueule et suis resté soûl encore plus qu'un putois au purgatoire. Je me suis même mis le couteau de boucher sous la gorge, une nuit dans la cuisine, et puis je me suis dit, doucement, vieux, ta petite fille voudrait peut-être que tu l'emmènes au zoo. Bâtonnets glacés, chimpanzés, tigres, oiseaux verts et rouges, et le soleil qui descendrait au-dessus de sa tête, le soleil qui baisserait et se prendrait dans les poils de tes bras, vas-y doucement, vieux.

Quand je suis revenu à moi j'étais dans le salon de mon appartement, à cracher sur le tapis et éteindre des cigarettes contre mes poignets en rigolant. Fou à lier. J'ai levé les yeux et il y avait cet étudiant en médecine. Un cœur humain nageait dans un gros bocal bien pépère, posé entre nous sur une table basse. Tout autour du cœur humain – qui était étiqueté, d'après son ancien propriétaire, « Francis » – se trouvaient des bouteilles de bourbon et de scotch à moitié vides, un fatras de cannettes de bière, de cendriers, de détritus. J'ai attrapé une bouteille et j'ai avalé un mélange dégueulasse de bière et de cendres. J'avais pas mangé depuis deux semaines. Un flot continu de gens étaient passés et repartis. Il y avait eu sept ou huit sauteries déchaînées où j'arrêtais pas d'exiger : « Encore à boire ! Encore à boire ! Il faut encore à boire ! » Je planais véritablement au ciel ; eux ils se contentaient de causer – et de se peloter les uns les autres.

« Oui, j'ai fait à l'étudiant en médecine, qu'est-ce que tu me veux ?

— Je vais être ton médecin personnel.

— Très bien, docteur, la première chose que je veux que tu fasses, c'est d'enlever ce foutu cœur humain de là !

— Uh uh.

— Hein ?

— Le cœur reste ici.

— Écoute, mec, je sais pas ton nom…

— Wilbert.

— Eh bien, Wilbert, je sais pas qui tu es ni comment t'as atterri là, mais tu vas reprendre “Francis” avec toi !

— Non, il reste avec toi. »

Ensuite il a pris sa petite trousse à malice et le brassard en caoutchouc et il a pressé la poire et le caoutchouc s'est gonflé.

« Tu as la tension d'un gamin de 19 ans, il m'a dit.

— Rien à foutre. Dis, c'est pas contre la loi de laisser traîner des cœurs humains ?

— Je reviendrai le prendre. Maintenant, respire un coup !

— Je croyais que c'était la Poste qui me rendait branque. Et maintenant tu t'amènes.

— Reste tranquille ! Respire !

— J'ai besoin d'une bonne paire de fesses, une jeune, docteur. C'est ça qui tourne pas rond chez moi.

— Ta colonne vertébrale est déplacée en quatorze endroits, Chinaski. Ça provoque la tension, l'imbécillité et souvent la folie.

— Conneries ! » j'ai dit…

Je me souviens pas avoir vu partir le gentleman. Je me suis réveillé sur mon canapé à 1 h 10 de l'après-midi, mort, dans l'après-midi[1], et il faisait chaud, le soleil perçait à travers mes stores déchirés pour se poser sur le bocal au centre de la table basse. « Francis » était resté toute la nuit avec moi, marinant dans la saumure alcoolisée, nageant dans l'extension muqueuse de la diastole morte. Dans son bocal.

Il ressemblait à du poulet sauté. Je veux dire, avant qu'il soit sauté. Exactement.

Je l'ai pris et l'ai mis dans mon placard et l'ai recouvert d'une chemise déchirée. Après ça j'ai été dans la salle de bains et j'ai dégueulé. J'ai fini et j'ai collé ma tronche contre la glace. J'avais de longs poils noirs plein la figure. Tout d'un coup j'ai dû m'asseoir pour chier. C'était du tout bon tout chaud.

On a sonné à la porte. J'ai fini de me torcher le cul, enfilé de vieilles frusques et suis allé ouvrir.

« Oui ? »

Il y avait un jeune type là-dehors avec de longs cheveux blonds qui pendaient de chaque côté de sa figure et une Noire qui n'arrêtait pas de sourire comme si elle était cinglée.

« Hank ?

1. Titre d'un livre de Hemingway.

— Ouais. Qui vous êtes, vous deux ?

— Elle c'est une femme. Tu te souviens pas de nous ? À la party ? On t'a apporté une fleur.

— Oh et puis merde, entrez. »

Ils ont amené la fleur, une sorte de truc orange-rouge sur une tige verte. Ça avait beaucoup plus de sens que pas mal d'autres choses, sauf qu'elle avait été bousillée. J'ai trouvé un vase, mis la fleur dedans, sorti une bonbonne de vin et l'ai mise sur la table basse.

« Tu te souviens vraiment pas d'elle ? a demandé le môme. Tu disais que tu voulais la niquer. »

Elle s'est marrée.

« C'est très bien, mais pas maintenant.

— Chinaski, comment tu vas l'étaler sans la Poste ?

— Je sais pas. Peut-être que je vais te baiser. Ou te laisser me baiser. Merde, j'en sais rien.

— Tu peux dormir par terre chez nous quand tu veux.

— Et je pourrai regarder quand vous baiserez ?

— Sûr. »

On a bu un coup. J'avais oublié leur nom. Je leur ai fait voir le cœur. Je leur ai demandé de prendre l'horrible chose avec eux. J'osais pas le jeter au cas où l'étudiant en médecine en aurait besoin pour un examen ou à l'expiration du prêt de la bibliothèque de médecine ou est-ce que je sais.

Alors on est sortis voir un spectacle de cul, buvant et braillant et rigolant. Je sais plus qui avait l'argent mais je crois que c'est lui qu'en avait le plus, ce qui était chouette pour changer, et je continuais à rire et à peloter le cul et les cuisses de la fille et à l'embrasser, mais tout le monde s'en foutait. Aussi longtemps que l'argent durait, on durait.

Ils m'ont reconduit et il est parti avec elle. Je suis allé jusqu'à la porte, j'ai fait au revoir, allumé la radio, trouvé une demi-pinte de scotch, j'ai bu ça en rigolant, je me sentais bien, détendu finalement, libre, même de me brûler les doigts avec des mégots de cigares, et ensuite j'ai été me pieuter, j'ai réussi à atteindre le bord, j'ai glissé et je suis tombé, tombé en travers du matelas, et j'ai dormi, dormi, dormi…

*

* *

Le matin on était le matin et j'étais toujours vivant.
Peut-être que je vais écrire un roman, j'ai pensé.
Et c'est ce que j'ai fait.

MIXTE
Papier issu de
sources responsables
FSC® C003309

10/18, une marque d'Univers Poche,
est un éditeur qui s'engage pour
la préservation de l'environnement
et qui utilise du papier fabriqué à partir
de bois provenant de forêts gérées
de manière responsable.

10/18 – 92 avenue de France, 75013 PARIS

Imprimé en France par CPI

N° d'impression : 3039947
X07628/01